Recetas del Campo

Spanish Village Cooking

Los Chefs de La Murta
& Debbie Jenkins

Recetas del Campo

Spanish Village Cooking

Los Chefs de La Murta
& Debbie Jenkins

NativeSpain.com

First Edition Published in Great Britain 2014 by www.NativeSpain.com

© Copyright 2014 www.NativeSpain.com

Researcher, Editor, Writer & Translator: Debbie Jenkins

Photographer: Marcus Jenkins

Typeset in Garamond.

THIRD PRINTING

Gracias a todos los que colaboraron con y han contribuido a este libro.
Thank you to everyone who collaborated with and contributed to this book.

Andrés González, Antonia Fernández Conesa, Antonia Guillén, Antonia Noguera Rojo, Antonia Pagán Noguera, Antonia Rojo Garnés, Carmen Cervera, Consuelo Sánchez, Consuelo Sánchez Hernández, Dori Parredes, Encarnación Sánchez Garnés, Isabel Fernández Conesa, Isabel López Soto, José Antonio Márquez Gudiño, Juan Diego Navarro y Chari Bernal, Maravillas Fernández Ramírez, Mari Ángeles Gutiérrez, Mari Trini García Plaza, María Cruz Talavera Sánchez, María del Loreto Rojo García, María Dolores Sánchez, María Garnés García, María Garnés Soler, María Luisa Fernández, María Rosario Fernández Ramírez, María Sánchez Gironés, Maricarmen Sánchez Garnés, Marisol Galindo Soto, Maruja Castillejo, Nasi Conesa Fernández, Patricia Fernández Sánchez, Pedro Pagán Noguera, Rosalía Solano, Rosario Pagán Noguera, Virtudes Corral González

Agradecimos la ayuda de Rosa María Alarcón García
Special thanks to Rosa María Alarcón García

Dedicado a todos los hombres y mujeres de La Murta
Dedicated to all of the men & women of La Murta

Pan de calatrava

pan cemla en rama, dos huevos
una copa de coñac, 10 cucharadas de
azucar, y raspadura de limon y leche

modo de hacerlo

el pan supone arrimojar, cuando ya
esta bien mojado, se disminuira procu-
rando que no este muy seco, se
le hecha todos los ingredientes, y se
pone toda en una moldе acaramelad
y se pone al baño maría hasta
que se cuaje.

Índice / Contents

Aperitivos y Tapas - Starters & Tapas - 15

Ensaladas - Salads - 41

Sopas, Guisos y Migas - Soups, Stews & Migas - 49

Verduras - Vegetarian Dishes - 73

Arroces - Rice Dishes - 84

Pescados - Fish Dishes - 95

Carnes - Meat Dishes - 117

Aves - Poultry Dishes - 139

Dulces y Postres - Puddings, Desserts, Biscuits & Cakes - 149

Varios – Miscellaneous - 201

Bebidas – Drinks - 213

Prólogo

En el 2013 pusimos grandes dosis de cariño entre todos los vecinos de La Murta en la elaboración de nuestras recetas de cocina.

Queremos mantener la ilusión de nuestros inicios en la cocina y recuperar las recetas originales para que nuestros paladares puedan degustar lo que cocinaban nuestras abuelas. Con sus experiencias y sus tradiciones hemos conseguido hacer: buenos cocidos, sémola, arroz, gachas, migas, nuegos y tantas más.

Con mimo y sabiduría hemos conseguido que nuestro amigo Marcus y su esposa Deborah, aprendan nuestros orígenes. Estamos satisfechos de que los puedan degustar y compartir con los suyos. Este libro os recordará tantas comidas compartidas con la buena gente de La Murta. Querido lector o lectora tienes en tus manos un libro que ha salido de los corazones de las buenas gentes de La Murta. Escrito por un amigo que entiende la amistad, el respeto, la consideración, muy querido en el pueblo, un hombre llamado Marcus y su esposa Deborah.

No podemos describir en tan pocas lineas cómo es nuestro querido pueblo. Lo vamos a comparar con estas deliciosas recetas de cocina - unas dulces, otras saladas; pero todas ricas de comer, pues así son sus gentes acogedoras y buena gente.

Un día ya lejano, apareció por La Murta un chico llamado Marcus: grande, potente y simpático. Quería integrarse en este pueblo y así lo hizo. Se ganó a todas sus gentes, trabajó mucho, pero mereció la pena. Se trajo a su chica llamada Deborah, una mujer menuda, rubia, graciosa y corazón grande. Eran de origen inglés. Se hicieron con su esfuerzo su cabaña muy bonita, aprendieron nuestro idioma español y han trabajado mucho en nuestras fiestas de La Santa Cruz. Siempre los tienes dispuestos para lo que haga falta y desde mis humildes letras les queremos dar las gracias por esta labor de este libro y de otras tantas cosas concedidas por ellos. Gracias de todo un pueblo como es La Murta por todo ese trabajo que tiene escribir un libro tan bonito como este que nos irás a presentar.

Gracias de María Castillejo y os deseo que escribáis muchos más.

María Castillejo autora de La Señorita de la Cueva

Prologue

At the end of 2013 there was a great deal of happiness amongst the neighbours of La Murta in putting together all of our recipes.

We want to keep the excitement of our first days in the kitchen and recover the original recipes so that our palates can enjoy the cooking of our grandmothers. With their experience and traditions we have managed to make: hearty stews, *sémola*, rice dishes, *gachas*, *migas*, *nuegos* and loads more.

With this same wisdom we have ensured our friend Marcus and his wife Deborah have learnt about our origins and we're delighted that they are able to enjoy and share these recipes with you. This book is a recollection of many shared meals with the wonderful people of La Murta. Dear Reader, you have in your hands a book that has come from the hearts of the good people of La Murta. Written by our friends who understand friendship, respect, consideration and are well loved in the village, Marcus and his wife Deborah.

It's impossible to describe our wonderful village, La Murta, in just a few lines. I'll compare it with our delicious recipes; some sweet others savoury, but all rich to eat – friendly and good people.

One day a while ago a lad appeared in La Murta called Marcus: tall, strong and friendly. He wanted to be a part of our village, and now he is. He won over the villagers, he worked hard and it was worth it. He brought his girl, Deborah, a small, blonde woman, kind and with a big heart. They came from England. They made a lot of effort with their house, they learnt our language, Spanish, and worked hard at our fiestas and they are always willing to help out. With this humble prologue I thank them for their work on this book and all of the other things they do for us. Thank you from everyone in the village, La Murta, for all your work in writing this lovely book that we present now.

Thanks from María Castillejo, and I hope you will write many more!

María Castillejo author of La Señorita de la Cueva

La Murta – El Corazón de la Sierra del Carrascoy

Pese a la extensión del territorio de la pedanía de Carrascoy, es una de las menos pobladas del municipio de Murcia, ya que está integrada por parajes deshabitados de la Sierra de Carrascoy, sólo existiendo un pequeño núcleo, un pueblo de 107 habitantes, el corazón: La Murta.

Dispone de una vieja ermita dedicada a la Santa Cruz, en cuyo honor se celebran las fiestas patronales alrededor del día 3 de mayo. Las fiestas son un motivo de reunión entre los vecinos de la localidad y los de poblaciones vecinas como Corvera.

En 1969 se observa el mayor índice poblacional en Carrascoy, con un total de 401 habitantes. Pero la realidad de un territorio vasto de secano, inmerso en una geografía natural árida dedicada tan solo a los cultivos o a un sector de ganadería que desapareció con el paso de los años, sólo ha conseguido que el único núcleo poblado de Carrascoy, La Murta, apenas supere el centenar de habitantes.

Los vecinos de Carrascoy, y en concreto los de La Murta, mantienen las costumbres gastronómicas de Murcia, aún ancladas, sobre todo en las villas pequeñas, en la atención a las estaciones o a los tiempos religiosos.

Las carnes, la de cerdo de mil maneras confeccionada y aprovechando el animal para hacer embutidos y simplemente asarlos y disfrutarlos, sobre todo en reuniones al aire libre en las típicas matanzas y en las fiestas locales, momento en el que no faltan las parrillas y la confección de gachasmigas con tropezones para los asistentes al gran día festivo. Junto a la carne de cerdo no hay que olvidar la de conejo, rustico, al ajillo o en un arroz, y siendo Carrascoy tierra de caza, no puede faltar en las mesas.

La variedad de hortalizas y verduras de la zona hace especialmente ricas las opciones gastronómicas, alcachofas, judías, tomates, habas y coliflor pueden configurar una Paella Huertana o Arroz con Habichuelas. Unas berenjenas fritas siempre se pueden añadir junto a unos pimientos a un buen frito de tomate, si es cuaresma se redondea con bacalao, si no lo es, pues con conejo o magra. Entre los hervidos y guisos, las lentejas a la Murciana, la olla gitana, la sémola o los michirones.

Los postres son siempre los tradicionales sean donuts, cordiales, paparajotes, flores y nuegos, estos últimos siempre degustados en uno de los días de fiestas patronales.

Se disfruta de estas recetas que son buenas para el corazón desde el corazón de la Sierra del Carrascoy.

La Murta – The Heart of the Sierra del Carrascoy

Despite the physical extent of the Carrascoy it's one of the least populated municipalities in Murcia since it consists of many uninhabited areas, with only a small core, a village of 107 inhabitants, the heart: La Murta. There's an old chapel dedicated to La Santa Cruz, in whose honour the village celebrates its *fiesta patronale* around the third of May. The fiesta is an opportunity for local residents and neighbouring towns, like Corvera, to get together.

In 1969 the largest population was recorded with a total of 401 inhabitants. But the reality of this vast area of dry land, immersed in an arid natural geography dedicated only to crops or the livestock sector that has disappeared over the years means that the only populated core in the Carrascoy, La Murta, barely exceeds a hundred inhabitants.

The villagers of La Murta maintain the eating habits of Murcia, still anchored around the seasons and religious festivities.

Meats feature heavily: pork cooked a thousand ways, making fresh sausages or simply roasting the meat to enjoy at outdoor fiestas like the *matanza* and local festivals, where of course you can enjoy a barbecue or *migas*. Along with the pork there's the rabbit: Conejo Rustico, Conejo al Ajillo or rabbit with rice and vegetables, a sure bet from this hunting region of the Carrascoy.

The variety of vegetables grown makes the area particularly rich with dining options; artichokes, green beans, tomatoes, peas and cauliflower can make a Paella Huertana or Arroz con Habichuelas. A fried aubergine with some peppers and tomatoes makes a Pisto Murciano, if we're in Lent enjoy it with some cod, if not, then with rabbit or pork. Among the stews and casseroles, enjoy Lentejas a la Murciana, La Olla Gitana, Sémola or Michirones.

Desserts are traditional: donuts, cordiales, paparajotes, flores or nuegos, the latter always eaten during fiesta days.

Enjoy these recipes that are good for the heart from the heart of the Carrascoy.

Help Section For Non-Spanish Speakers

All recipes are for 4 people unless otherwise stated.

I have taken liberties with some of the measurements and made a suggestion. Frequently the ladies have just said *'add parsley'* or, *'add pine nuts'.* They know how many/much to add to make the recipe work for their family, a handful here, a pinch there. Where an exact amount hasn't been specified in the original recipe I have made a suggestion, of course you can add more or less to your own tastes.

Frequently in Spanish butchers, shoppers will buy a whole chicken and have it cut into pieces. It is unusual for Spanish cooks to roast a whole chicken. The chicken isn't usually separated (legs, breast, thighs etc.) but sawn on a band-saw into chunks.

Some of the recipes lend themselves well to other countries, however sometimes ingredients taken for granted in Spain are not widely available elsewhere. Where possible alternatives have been suggested. For example, in Spain the company Royal sell a number of time saving packets for making flan, curds and cakes. These packets are sometimes available in other countries.

Licor 43 - Licor 43 or *Cuarenta y Tres* is made from citrus and fruit juices, flavoured with vanilla and other aromatic herbs and spices, in total 43 different ingredients - hence the name. You can substitute your favourite liqueur, for example Cointreau.

Bacalao - Cod is the most consumed white fish in Spain. It has beneficial nutritional properties and great versatility in the kitchen. Cod is bought and consumed fresh, frozen, smoked or salted (dried then salted); the latter being the most traditional and widespread. You cannot eat salted cod directly, you need to de-salt it. Replace with fresh cod.

Cuajada - is milk curd, a cheese product usually served as dessert. Raw warmed milk is mixed with rennet and left to curdle. In Spain you can buy this product in dried form in a packet.

Flour - Where generic flour is listed use plain flour.

Morcilla - Spanish *morcilla* has many variants, here in Murcia this blood sausage is made from bacon, onions, pig's blood, salt, cinnamon, pepper, oregano, cloves and pine nuts. It's stuffed into intestines and made into small golf ball sized sausages. You can substitute any blood sausage, with perhaps an extra sprinkle of cinnamon for authenticity.

Sobrasada –is a raw, cured sausage made with ground pork, paprika, salt and other spices. It is often made during the *matanza*. For 1 tablespoon of *sobrasada* use 1 tablespoon of lard & ½ teaspoon of paprika.

Pimientas ñoras – these are small, round, red peppers, typical in the Murcia region, that are dried for preserving.

They are used in cooking, especially in rices and stews. The peppers are also used to make *pimentón,* a Murcian paprika.

Paella dish – a very wide, shallow pan suitable for rice or paella, its proportions are usually about 60cm wide and 5-8cm high. This pan can also be used to make any of the *migas* (or *gachasmigas*) recipes, though usually the pan has higher sides.

Casserole – clay, ceramic or metal pot, which is shallow and wide, about 12-15cm high and about 40cm in diameter.

For more help come over to www.NativeSpain.com where you can find more recipes, videos and ask questions.

Volume Equivalents

1 teaspoon – 5ml / 5g
1 tablespoon – 15ml / 12g
3 teaspoons - 1 tablespoon
1 pinch = 1/8 teaspoon
1 pound = 1 Pint = 16 ounces = 450-480g
1 ounce = 28-30g
1 glass/cup liquid approx. 250ml
1 glass/cup solid approx. 200g

Temperature Conversions

275°F = 140°C = gas mark 1
300°F = 150°C = gas mark 2
325°F = 165°C = gas mark 3
350°F = 180°C = gas mark 4
375°F = 190°C = gas mark 5
400°F = 200°C = gas mark 6
425°F = 220°C = gas mark 7
450°F = 230°C = gas mark 9
475°F = 240°C = gas mark 10

Aperitivos y Tapas

Starters & Tapas

Michirones

1kg de habas secas
150g de tocino
150g de jamón
2 chorizos picante
100g de sobrasada
1 cabeza de ajo
3 hojas de laurel
3 guindillas picante
2 trozos de hueso de jamón
Sal

Antes de la elaboración las habas se tienen 48 horas en agua.

Se echa en una olla todo, se pone cubierta de agua y se pone a fuego normal.

En caso que necesita que agregar agua, que sea caliente. Se sigue con fuego normal hasta que este guisando.

Tiempo de cocción 1 hora y 30 minutos aproximadamente.

Esta receta es típica de la Región de Murcia.

María del Loreto Rojo García

Michirones

1kg dried green beans
150g bacon
150g Serrano ham
2 spicy Spanish chorizo sausages (150g approx)
100g *sobrasada* (or 50g lard and a tsp of paprika)
1 head of garlic
3 bay leaves
3 chillies
2 pieces of ham bone
Salt to taste

Before cooking soak the dried green beans in water for 48 hours.

Put all the ingredients in a large pan and cover with water. If you need to add more water make sure it is hot.

Cook on a moderate heat for about 1.5 hours or until everything is soft and cooked through.

This is a very typical recipe for this region of Murcia and is served at fiestas and Sunday lunches, usually accompanied by fresh bread and toothpicks to eat with.

Michirones

Huevos Chinos

12 huevos
Anchoas
Olivas rellenas
Unas granitos de pimienta
Pimiento rojo en conserva
Tomate frito
Palillos

Se cuecen los huevos. Después se le corta la parte más fina del huevo, un trocito. Se coge un palillo, se pone al huevo hacia abajo donde se lo ha cortado la capa en un recipiente con tomate frito y encima se pone la parte que hemos cortado.

Tomar una oliva rellena y hacer un corte a modo de boca. Poner 3 pimientas negras en 'la cara' de cada oliva para hacer los ojos y la nariz. Poner una oliva rellena en un palillo y ponerlo encima del huevo haciendo la cabeza.

Ese trocito de huevo que le hemos cortado, se deja para hacer el sombrero del chinito. Con un poco de pimiento se hace la bufanda y la anchoa se le pone en la parte de arriba y se le pone con el mismo palillo.

Lo aprendí hace 43 años con la sección femenina.

Consuelo Sánchez

Boiled Egg Snowmen

12 medium eggs, hard boiled
Small tin of anchovies
Small tin of stuffed olives
36 black peppercorns
Jar of roasted red peppers
Tomato *frito* (see recipe in Miscellaneous)
Cocktail sticks

Peel the hard boiled eggs. Chop the bottom 1/4 off, so that the egg can stand up, like in the photo. Keep the chopped off part as the hat.

Tip the tomato *frito* onto a serving plate, place the 12 eggs standing up in the *frito*.

Take a stuffed olive and cut a little slit to make a mouth. Poke three black peppercorns into the 'face' of each olive to make eyes and nose.

Push a stuffed olive onto a cocktail stick and push it through the egg, making a head. Push the cut off egg part onto the stick and top with an anchovy.

Slip a little cut red pepper round the snowman's neck as a scarf.

This recipe was taught at one of the *Seccion Femenina* classes 43 years ago.

Huevos Chinos

Tomates Rellenos

1kg de tomates
2 huevos duros
500g de guisantes cocidos (un bote)
300g de mayonesa
150g de atún
Sal

Se limpian los tomates por dentro (se vacian). Se echa un poco de sal y los huevos cocido se parten en trozos pequeños en un plato. Se echa el atún y la mitad del bote de guisantes y un poco de mayonesa y se mueve muy bien. Se rellenan los tomates uno a uno y encima de los tomates se ponen un poco de mayonesa, se tapan los tomates y se echan unos pocos de guisantes por encima.

Mari Trini García Plaza

Stuffed Tomatoes

1kg tomatoes
2 hard boiled eggs
500g tinned peas
300g mayonnaise
150g of tinned tuna
Salt to taste

Clean the tomatoes, cut off the tops and remove the seeds. Cut up the boiled eggs into small pieces and put them in a bowl with a pinch of salt. Add the tuna and half the tin of cooked peas and half the mayonnaise and mix well. Fill the tomatoes one by one with the mixture. Top with a spoonful of mayonnaise and a few peas.

Tomates Rellenos

Huevos Rellenos

12 huevos cocidos
2 botes de atún
1 bote de frito
½ lata de mayonesa

Se cortan los huevos, y se separan las yemas de las claras. Se ponen las claras en un plato y se añaden un poco de las yemas picadas a cada clara.

Se reparte el atún entre los huevos y se extiende el frito encima. Se pone una capa de la mayonesa. Se adornan por encima con las yemas muy picatitas.

María Sánchez Gironés

Stuffed Eggs

12 hard boiled eggs
2 tins of tuna
1 tin of tomato frito (see recipe in Miscellaneous)
½ jar of mayonnaise

Peel and cut the eggs in half lengthwise. Remove the yolks and set aside. Place the whites on a serving plate with the holes facing upwards and add a little egg yolk into each hole.

Share the tuna between the eggs. Spread the tomato *frito* over the top of the eggs. Spread the mayonnaise over the tomato *frito*, making another layer.

Sprinkle the remaining egg yolks over the top. Serve!

Watch a video at: http://nativespain.com/food/recipe-for-stuffed-eggs

Huevos Rellenos

Pimientos Rellenos

250g de bocas de mar
250g de gambas peladas
100g olivas rellenas
1 poco de mayonesa
2 latas de pimientos de piquillo

Se trocean las bocas de mar, las gambas y las olivas rellenas y se pasan por la batidora. Se le añade la mayonesa y se rellenan los pimientos.

Isabel López Soto

Stuffed Red Peppers

250g crab sticks
250g peeled, cooked prawns
100g stuffed olives
100g mayonnaise
2 jars of roasted whole red peppers

Chop up the crab sticks, prawns and olives and then combine well in a food processor. Add the mayonnaise and use the mixture to stuff the red peppers.

Pimientos Rellenos

Croquetas de Queso

70g de mantequilla
70g de harina
130g de queso para untar
100g queso rallado
Sal
1 huevo cocido
Perejil
Nuez moscada molida
Para rebozar:
2 huevos
Un poco de harina
Pan rallado
Aceite para freír

En una sartén al fuego se echa la mantequilla que se derrita, se echa la harina y se mueve hasta que se tueste un poco. Se echan los quesos y el huevo duro rallado, y por último la leche, el perejil picado y la nuez moscada y se va cociendo. Se mueve con varillas sin dejar de mover, cuando haya espesada (unos 15 o 20 minutos). Se echa en un fuente y se deja enfriar. Después se corta la masa y se hacen las croquetas que se pasan por harina, huevo batido y pan rallado y se fríen.

Antonia Fernández Conesa

Cheese Croquettes

70g butter
70g plain flour
130g cream cheese
100g grated cheese (cheddar)
Salt
1 hard boiled egg, chopped finely
A handful of parsley
Pinch of nutmeg
To coat the croquettes:
2 eggs
100g flour
100g breadcrumbs
Oil for frying

Melt the butter in a frying pan, add the flour and stir until combined. Add the cheeses, the chopped hard boiled egg, the milk, chopped parsley and a pinch of nutmeg and cook through. Keep stirring on a low heat until thickened – about 15-20 minutes. Spread the mixture onto a baking tray and allow to cool. When cooled cut the mixture into croquette sizes and shape with your hands. In a bowl mix the two eggs. On a plate put the flour. On another plate put the breadcrumbs. Roll each croquette in flour, then the egg and finally the breadcrumbs. Fry until golden.

Croquetas de Queso

Pastel Murciano de Carne

1 paquete de hojaldre
750g de carne picada (cerdo y ternera)
2 chorizos caseros
4 huevos cocidos
1 huevo para pintar
1 cucharada de harina
1 vaso pequeño de leche
3 clavos picados
Pimienta y sal

Se sofríe la carne (no muy frita). Se agrega sal, pimienta y tres clavos picados a continuación la harina y la leche. Se mezcla todo muy bien.

Extendemos el hojaldre en unos moldes pequeños en la bandeja del horno.

Encima ponemos el picadillo que ya hemos mezclado, las rodajas de chorizo y los huevos duros en rodajas también. Se cubre con otro de hojaldre y se pinta con la yema de huevo. Se pincha con un tenedor y se mete al horno pre-calentado a 180°C durante unos 40 minutos el la parte baja del horno hasta que estén dorados.

Mari Ángeles Gutiérrez y María Sánchez Gironés

Murcian Meat Pie

1 pack of flaky pastry
750g of minced meat (a mixture of beef & pork)
2 chorizos
4 hard boiled eggs
1 egg to paint the pastry
1 tbsp plain flour
1 small glass of milk
3 chopped garlic cloves
Salt & pepper to taste

Fry the meat in a little oil until lightly browned. Add the salt, pepper and garlic cloves and then the flour and milk. Mix it all well.

Roll out the pastry and cut base circles for your small shallow pie tins. Put the pastry in the tins and add the meat mixture. Place a couple of slices of chorizo and hard boiled egg on top of each. Cover the pies with another circle of pastry and seal the edges with a fork. Paint the tops with the egg yolk. Make a small hole in each. Place on a low shelf in a pre-heated oven at 180°C for about 40 minutes until browned.

You can make small individual pies, or 1 large pie of about 20cm.

Pastel Murciano
de Carne

Queso Fresco Frito

400g de queso fresco de leche de cabra
1 huevo entero
Pan rallado
Aceite de oliva

Cortar el queso fresco en lonchas de medio centímetro. Rebozar las con huevo y pan rallado antes de freírlas.
Freír en abundante aceite de oliva y a fuerte temperatura.
Se pueden salpimentar al final.

Mari Ángeles Gutiérrez

Fried Goat's Cheese

400g of soft, firm goat's cheese
1 egg
Breadcrumbs
Olive oil for frying

Cut the cheese into slices about ½ centimeter. Dip each slice in the beaten egg and then coat in the bread crumbs. Fry in lots of very hot oil for a few minutes. Remove and sprinkle with a little salt and pepper if required.

Many of the villagers have their own goats and make their own goat's cheese, which they eat sliced with a little olive oil & lemon juice drizzled over, with a sprinkling of black pepper.

Zarangollo

3 patatas en rodajas finas
1 cebolla cortada fina
1 calabacín en pequeño trozos
2 huevos
Aceite
Sal

Poner a freír las patatas, añadir la cebolla cortada fina y el calabacín. Cuando todo esté tierno, echar dos huevos y mezclar todo bien hasta que estén cuajados. Sal al gusto.

Mari Ángeles Gutiérrez

Scrambled Eggs & Vegetables

3 potatoes, sliced thinly
1 onion, finely chopped
1 courgette, finely chopped
2 eggs
Olive oil
Salt to taste

Slowly fry the potatoes, onion and courgette. When softened add the eggs and mix well, continue cooking until the eggs are firm. Add a little salt to taste.

Pastel de Zarangollo con Morcillas Murcianas

500ml de nata
5 huevos
3 cebollas
1 calabacín
4 morcillas de cebolla
Sal y pimienta
Tomillo

Pochamos las verduras cortadas en juliana y salpimentamos, añadimos el tomillo, incorporamos los huevos batidos y la nata. Mezclamos bien y llenamos la mitad de un molde rectangular con el zarangollo. A continuación incorporamos las morcillas, sin piel y terminamos de llenar el molde con el zarangollo restante. Ponemos al baño maría durante 1 hora, dejamos enfriar y servimos.

Rosalía Solano

Terrine of Vegetables & Black Pudding

500ml single cream
5 eggs
3 onions
1 courgette
4 *morcillas* or 200g of black pudding
Salt & pepper
½ tsp thyme

Cut the vegetables into sticks (julienne style) and gently fry with a little salt and pepper till softened. Add the thyme, beaten eggs and cream. Mix well then half fill a loaf tin with half of the mixture. Remove the skins from the *morcilla* (or black pudding) and mix well into the remaining egg mixture. Fill the loaf tin with the mix. Put the loaf tin in a roasting pan half filled with water and cook in a medium oven (about 160°C) for 1 hour, or until firm to the touch. Remove and cool before serving.

Pastel de Berenjena

2kg de berenjena
500g de magra de cerdo o pollo
1 cebolla gorda
500g de tomates
2-3 lonchas de queso
Queso rallado
1 huevo
Un poco de mantequilla
1 pizca de sal

Se cortan las berenjenas en rodajas de 1 dedo de gordas. Después se cuecen y se reservan. Se hace un frito con la magra, la cebolla y los tomates.

Después se forma el pastel en una bandeja: Se pone una tonga de berenjena, 1 tonga de frito y encima unas lonchas de queso. Encima otra capa de berenjena y otra capa de frito. Encima huevo batido y queso rallado y un poco de mantequilla. Al horno y cuando esta dorado se retira. Más o menos 30 minutos.

Marisol Galindo Soto

Aubergine Terrine

2kg aubergines
500g minced pork
1 large onion
500g tomatoes
Slices of cheese (2-3 slices)
100g grated cheese
1 egg
Knob of butter
Pinch of salt

Cut the aubergines into finger thick slices. Fry them in olive oil and set aside. Make a *frito* by frying the minced pork, finely chopped onion and chopped tomatoes until they are softened and reduced, about 20 minutes.

Now make the terrine: place a layer of aubergines (half of them) in a deep oven pan, followed by a layer of the *frito* (about half of it) and the slices of cheese. On top of that the rest of the aubergines followed by the rest of the *frito*. Mix the egg and the grated cheese and pour on top with a knob of butter. Cook in the oven for about 30 minutes at 180°C.

Berenjenas Rellenas

2 berenjenas cáscaras
1 cebolla
50g de jamón
250g de gambas peladas
50g de pan rallado
50g de queso rallado
Aceite de oliva
500ml de bechamel

Se parte las berenjenas por mitad y se pone en agua con sal y cuando se blandea, se saca y se escurrir. Se saca la pulpa. Se pone en una sartén aceite y la cebolla cortada muy fina y se fríe un poco, se añade la pulpa de las berenjenas y se fríe despacio. Luego se pone el jamón cortado en trozos y las gambas peladas y se cuece lento. Cuando esté frito se echa un poco de la bechamel y el pan rallado y se mueve. Se relleno las cáscaras de las berenjenas con la mezcla. Si hay de sobra, échelo en una cazuela pequeña. Se pone el resto de la bechamel encima de las berenjenas (y la cazuela si tiene). Encima se pone queso rallado y pan rallado. Se cuece en el horno durante 10 minutos y se dora.

Mari Trini García Plaza

Stuffed Aubergines

2 aubergines
1 onion
50g ham
250g peeled prawns
50g breadcrumbs
50g grated cheese
Olive oil
500ml béchamel (see recipe in Miscellaneous)

Cut the aubergines in half length ways and soak in water with added salt. When they are softened (½ an hour) drain and remove the flesh, keeping the skins intact. Fry the finely chopped onion in a frying pan with some olive oil, add the aubergine flesh and cook slowly. Then add the chopped ham and the peeled prawns and continue cooking. When everything is cooked through add some of the béchamel (about half) and mix well. Fill the aubergine skins with the mixture. If you have some left over put it in a small oven dish. Pour the rest of the béchamel on top of the aubergines, top with grated cheese and breadcrumbs. Cook in a hot oven for 10 minutes until the cheese and breadcrumbs are golden.

Berenjenas
Rellenas

Boquerones en Vinagre

1kg de boquerones
500ml de vinagre
Sal gorda
2 o 3 clavillos
2 hojas de laurel
50g de pimienta en granos
5 o 6 ajos laminadas
Perejil
250ml de aceite de oliva

Se limpian los boquerones y se les quita la espina central y se dejan abiertos. Se prepara una salmuera con la sal y el vinagre y se introduce los boquerones abiertos durante 2 días en el frigorífico.

Transcurrido este tiempo se sacan, se lavan con agua fría y se colocan en un recipiente hermético con aceite de oliva, pimienta, laurel, clavillo, ajos y perejil cortado.

Se guardan en el frigorífico hasta consumirlo.

Encarnación Sánchez Garnés

Anchovies in Vinegar

1kg of fresh anchovies
500ml wine vinegar
Coarse salt
2/3 cloves
2 bay eaves
50g peppercorns
5/6 garlic cloves finely sliced
Handful of parsley
250ml olive oil

Clean the anchovies, remove the spines and open the bodies. Prepare a brine in a bowl with the salt and vinegar, add the open anchovies and store in the fridge for 2 days.

After 2 days remove, wash with abundant cold water and place in a Tupperware container with a well fitting lid. Add the olive oil, peppercorns, bay leaves, cloves, garlic and chopped parsley.

Keep in the fridge until eaten.

For more details on the process of removing the spine and opening the fish take a look at: http://nativespain.com/murcia-region/murcian-recipe-sardinas-en-salmuera/

Perdices de la Huerta con Tomates y Salmuera

4 cogollos de lechuga
4 tomates pelados
8 filetes de anchoa en salmuera
Aceite de oliva
Vinagre
Sal y pimienta
Aceitunas partidas

Cortamos los cogollos por la mitad y lavamos cuidadosamente. Igualmente cortamos en dos mitades los tomates y colocamos sobre ellos los filetes de anchoas.

Regamos todo con una vinagreta que preparamos con el aceite, el vinagre, la sal y la pimienta. Todo muy bien mezclado.

Se sirve con unas aceitunas partidas.

Isabel López Soto

Anchovy Salad

4 small lettuce hearts
4 peeled tomatoes
8 anchovy fillets
Olive oil
Good wine vinegar
Salt & pepper
Olives to serve

Cut the lettuce hearts in half and wash. Cut the tomatoes in half. Put the lettuces and tomatoes on a plate in pairs and place an anchovy fillet over each pair.

Make the dressing by mixing olive oil, vinegar and salt & pepper and pour over the top.

Literal translation of this recipe title: Market Garden Partridges with Tomato and Brine. As there are no partridges involved, we call it Anchovy Salad!

Rollo de Salmón con Espinacas

4 huevos
200g de queso rallado
350g de espinaca congelada
400g de queso de untar a las finas hierbas
300g de salmón ahumado

En un cuenco se baten los huevos, se añaden las espinacas descongeladas y el queso rallado y se mezcla todo. En una bandeja de horno se pone papel de horno. Se extiende la masa por toda la bandeja para que quede una capa fina. Se mete al horno a 170° por 12 o 15 minutos y se saca y se deja enfriar. Después se extiende el queso por encima y se le pone el salmón. Se enrolla la masa con ayuda del mismo papel. Se pone en la nevera 4 horas.

Rosario Pagán Noguera

Salmon & Spinach Rolls

4 eggs
200g grated cheese (cheddar)
350g frozen, chopped spinach, defrosted
400g cream cheese with herbs
300g smoked salmon

Beat the eggs in a bowl, add the defrosted spinach and grated cheese and mix well. On an oven tray place a sheet of baking paper. Spread the paste across the tray to make a thin sheet. Cook in the oven at 170°C for 12 to 15 minutes. Remove and allow to cool. Spread the cream cheese over the cooled spinach layer and place the salmon on top. Roll the whole structure using the baking paper to help you. Put in the fridge for 4 hours and then slice into 5 cm pieces to serve.

Gambas al Ajillo

1kg de gambas
1 guindilla
4 dientes de ajo pelados y picados
Perejil
Sal
100ml de aceite

Pelar las gambas. En una cazuela de barro se pone el aceite, la guindilla, las gambas peladas, el ajo, el perejil picado y una pizca de sal. Al fuego fuerte durante 8 minutos.

Carmen Cervera

Prawns in Garlic

1kg prawns
1 chilli
4 cloves garlic, peeled, chopped finely
Handful of parsley
Salt
100ml of olive oil

Peel the prawns and remove the vein. In a clay pot (heavy based pan) put the olive oil, chilli, prawns, garlic, chopped parsley and a pinch of salt. Cook on a very hot flame for around 8 minutes, or until all the prawns are cooked and pink. Serve at the table in the clay pot.

If you don't have a heavy based clay pot (like a Le Creuset) you can use a good quality saucepan.

Croquetas de Pescadilla

500g de pescadilla
1 cebolla gorda
3 cucharadas de harina
650ml de leche
1 pizca de nuez moscada
Unos cuantos de piñones
Aceite
1 huevo
Pan rallado

Se cuece la pescadilla y después se quitan las raspas y se desmenuzan.

Se echa en una sartén aceite y se fríe la cebolla muy fina cortada y después se echa la pescadilla y 3 cucharadas de harina y se fríe con todo y un poco de nuez moscada. Se llena la sartén con la leche y se va moviendo hasta que se quede en una masa espesa. Se echa en una fuente hasta que se enfríe y ya se forman las croquetas. Se pasan por huevos batido y pan rallado y se fríen en abundante aceite.

Marisol Galindo Soto

Haddock Croquettes

500g haddock or whiting fillets
1 large onion
3 tbsp plain flour
650ml milk
Pinch of nutmeg
50g pine nuts
Olive oil
1 egg
100g fresh breadcrumbs

Cook the fish on a baking tray in a warm oven (160°C) for about 15 minutes. Cool, remove the bones and crumble the fish.

In a pan fry the finely chopped onion in a little olive oil, add the fish and 3 tablespoons of plain flour and a pinch of nutmeg. When the flour is cooked through add the milk and stir well for 15 minutes until the mixture is very thick. Spread onto a baking tray and allow to cool. Cut into small pieces and form into croquette shapes. Dip each croquette into a bowl of beaten egg, then coat in breadcrumbs. Fry in abundant oil until lightly browned.

Cerdo Picante en Copas de Lechuga

1 cucharadita de aceite sésamo
300g de cerdo picado
4 dientes de ajo, bien picado
1 guindilla roja, en trozos pequeños
6-8 cebolletas, en rodajas finas
2 cucharadas de azúcar
2 cucharadas de jerez
4 cucharadas de salsa de soja
1 Iceberg o lechuga

Se pone a calentar en la sartén el aceite y se fríen el cerdo hasta que dore. Se añade el azúcar y se fríe algunos minutos más y se revuelve muy bien para que no se hagan grumos de cerdo.

Después se añade el ajo, guindilla y la mayor parte de las cebolletas (se deja un poco para el adorno), se mezcla muy bien y se deja cocer durante 3-4 minutos.

Se añade la salsa de soja y el jerez, y se cuece a fuego lento durante 5 minutos y se remueve de vez en cuando. Se rectifica de sal – si falta añade más salsa de soja o un poco más de azúcar. Se pone unas cucharadas de la mezcla en unas hojas de lechuga y se adornan por encima con las cebolletas muy picadas.

Spicy Pork in Lettuce Cups

1 tsp sesame oil
300g minced pork
4 cloves of garlic, crushed
1 red chilli, finely chopped
6–8 spring onions, finely sliced
2 tbsp sugar
2 tbsp sherry
4 tbsp dark soy sauce
1 Iceberg

Heat the sesame oil in a large pan on high heat until hot. Add in the add the pork mince and fry until the meat is cooked through and browned. Add the sugar and fry for a couple of minutes, stirring well and breaking up any lumps of pork.

Next add the crushed garlic, chilli and most of the spring onions (retain a couple of tablespoons for garnishing), stir well and continue to fry for a few minutes, stirring constantly.

Turn the heat down to medium and add in the soy sauce and sherry, stirring well. Cook for around 5 minutes. Taste to see if it is sweet enough or if you need to add more soy sauce, depending on your taste. Sprinkle with the remaining spring onions and serve in lettuce leaves.

Debbie Jenkins

Ensaladas

Salads

Ensalada Murciana

1 bote de tomate natural en conserva
2 huevos duros
1 cebolla tierna
50g de bacalao salado asado
100g de aceitunas negras de cuquillo
Aceite y sal

En un cuenco se trocea el tomate, se pone la cebolla troceada pequeña, los huevos cocidos y troceados, el bacalao también troceado (o atún en lata), las aceitunas y se adereza con aceite y sal al gusto.

Antonia Noguera Rojo

Murcian Salad

1 tin of whole tomatoes
2 hard boiled eggs
1 onion
50g of *bacalao* or a tin of tuna
100g of black olives
Olive oil & salt to taste

Cut the tomatoes into small chunks and place on a serving plate. Add the chopped onion, chopped hard boiled eggs, the *bacalao* or tuna, the olives and mix with olive oil and a little salt.

Serve with fresh bread to dip in the oil.

Ensalada Murciana

Ensalada Primavera

Siempre por este orden:
1 bote de apio rallada
1 bote de piña troceada
1 bote de zanahorias rallada
1 bote de maíz grande
200g de jamón York a tiras o trocitos pequeños
4 huevos cocidos en rodajas
2 manzanas ralladas
1 puerro rallada solo parte blanca
1 bote de mayonesa light
200g o 1 bote pequeña nata
1 hojas de lechuga

Se ponen todos los ingredientes siempre en este orden (en capas) excepto la mayonesa, nata y lechuga.

La mayonesa y la nata se baten juntas y se cubre bien todo la ensalada. Se tapa con un papel film durante 24 horas y se remueve para servirla.

Se cogen unas hojas de lechugas enteras, lavadas y se ponen encima la ensalada.

Mari Ángeles Gutiérrez

Springtime Salad

In this order:
1 jar of celery (or 100g of celery blanched & grated)
1 tin pineapple chopped (540g)
3 carrots, grated
1 tin of sweetcorn (325g)
200g of ham cut into small pieces
4 hard boiled eggs cut into slices
2 apples, grated
1 leek, grated (white part only)
1 jar of light mayonnaise
200g of whipping cream
1 head of lettuce

Put all of the ingredients except the mayonnaise, cream and lettuce into a container in the order listed, in layers.

Beat the mayonnaise and cream, then pour over the ingredients. Cover with cling-film and keep in the fridge for 24 hours.

When ready to serve remove the leaves from the lettuce, wash and place a spoonful of the salad on each lettuce leaf.

Ensalada de Naranja

1 lechuga rizada
1 granada
2 naranjas
1 cebolla morada
50g de berros
100g de queso fresco de leche de oveja
1 cucharada de semillas de sésamo
Vinagre de manzana
Aceite de oliva

Pelar la cebolla en juliana, también las naranjas, separar los gajos y quitarle la pielecilla que las recubre. Desgranar la granada.

Lavar la lechuga y los berros escurrirlos bien y trocearlo, cortar el queso en dados. Triturar tres cucharadas de granada, y pasar el zumo por un chino para eliminar las semillas. Mezclar el zumo con dos cucharadas de aceite, dos de vinagre y sal.

Colocar la lechuga y los berros en una ensaladera, sazonarlo y espolvorear con las semillas de sésamo, colocar encima los gajos de naranja, la cebolla, los dados de queso, la granada, aliñar con la vinagreta preparada y servir enseguida.

Rosalía Solano

Orange Salad

1 curly lettuce
1 pomegranate
2 oranges
1 red onion
50g watercress
100g of soft, firm sheep's cheese (or goat)
1 tbsp of sesame seeds
Apple vinegar
Olive oil

Peel the onion and cut into thin slices. Peel the oranges, segment and remove any white peel. De-seed the pomegranate.

Wash the lettuce and watercress well and chop. Cut the cheese into cubes. Crush 3 tablespoons of the pomegranate seeds and collect the juice through a sieve. Mix the pomegranate juice with 3 tablespoons of olive oil, 2 tablespoons of vinegar and a pinch of salt.

Place the lettuce and watercress in a salad bowl, season and sprinkle the sesame seeds on top. Place the orange segments, onion slices, cheese cubes and pomegranate on top and pour over the dressing. Serve!

Ensalada de Patatas a la Marinera

4 patatas gordas
1 cebolla mediana
1 cucharada de tápenas
Sal
Aceite
Pimienta blanca
Perejil
1 limón
2 o 3 anchoas cortadas finitas

Se cuecen las patatas ya peladas en agua con sal. Una vez cocidos se escurren y se corten a ruedas. Se mezcla el zumo del limón, la sal, el aceite, la pimienta y el perejil cortadito. Con ello se rocían las patatas.

Se adornan por encima con las cebollas muy picatitas, las anchoas y las tápenas.

Maruja Castillejo

Fishermen's Potato Salad

4 large potatoes
1 medium onion
1 tbsp of capers
Salt
Olive Oil
White pepper
Parsley
1 lemon
2 or 3 anchovies, cut into small pieces

Peel the potatoes and cook in salted water. Drain and cut into slices. Mix the juice of the lemon, salt, white pepper and the finely chopped parsley with half a cup of olive oil.

Baste the potatoes with the dressing.

Chop the onion very finely and sprinkle over the dressed potatoes. Sprinkle the anchovies and capers over the top and serve!

Ensalada de Ahumados

200g de salmón ahumado
200g de palometa blanca
200g de trucha ahumada
200g de bacalao en aceite
200g de anchoas
100g de mojama de atún
30g de alcaparras o tápenas
½ cebolla
2 tomates de pera
1 huevo duro
Zumo de 1 limón
Aceite
Perejil
Sal & pimienta

En una fuente o un bol de cristal pondremos el salmón, palometa, trucha, bacalao, anchoas y mojama a cortada cuadritos pequeños. Mezclar bien. Agregamos las alcaparras, los tomates y la cebolla picada finamente, el zumo de limón y perejil picado.

Se añade aceite de oliva y salpimentar. Se puede servir con un huevo duro picado por encima.

Mari Ángeles Gutiérrez

Smoked Fish Salad

200g smoked salmon
200g cured halibut
200g smoked trout
200g cod in oil
200g anchovies
100g cured tuna roe
30g capers
½ onion
2 pear tomatoes
1 hard boiled egg
Juice of 1 lemon
Olive oil
Parsley
Salt & pepper

The fish for this recipe should all be ready to eat, not fresh fish that needs to be cooked. In Spain the fish comes in small packs, usually preserved in olive oil. If you cannot find the different fish substitute for more smoked salmon or a can of tuna. The tuna roe is not canned tuna, but a cured firm roe that needs to be cut into thin slices.

In a large serving bowl mix all the fish cut into small pieces. Add the finely chopped tomatoes and onion, the caper berries, lemon juice and finely chopped parsley.

Add olive oil to coat the salad and as much salt and pepper as you want. Serve with a hard boiled egg chopped on top and with plenty of fresh bread.

Sopas, Guisos y Migas

Soups, Stews & Migas

Albóndigas de Picadillo con Pollo y Patata

Para 6 personas:
Las Albóndigas:
1kg de magra de lomo
250g de masa de morcón
250g de masa de longaniza roja
La molla de 2 panes
30g piñones, 1 cabeza de ajo cortado
Sal, perejil, azafrán
12 huevos
1 limón escurrido
El Guiso:
1 pollo en trozos, 200g de patatas
1 cabeza de ajo cortado
Perejil, azafrán, comino
1l agua

Preparación de las albóndigas: Se muele la magra, morcón, longaniza y molla de 2 panes hecha miga. Se les echa piñones, ajos cortados, perejil, un poco azafrán, los huevos, limón y sal y mezcla. Con las manos, darle forma a las albóndigas.

Se fríe el pollo, se pone en una cacerola se les echan las patatas en trozos. Se les echan ajos, perejil picados, comino, azafrán colorante. Cuando esta poco herviendo se le echan las albóndigas, se guisa todo a la ven y que este buen sal.

María Garnés Soler

Meat Balls with Chicken & Potatoes

For 6 people:
Meatballs:
1kg of pork loin, minced
250g black pudding, skin removed
250g good quality sausage meat
200g fresh white breadcrumbs
30g pine nuts, 1 head of garlic chopped
Salt, parsley, saffron
12 eggs
Juice of 1 lemon
Soup:
1 chicken cut into 10cm pieces, 200g potatoes
1 head of garlic chopped
Parsley, saffron, cumin
1l Water

Mix all the meatball ingredients together until well combined. Roll into small balls about 6cm diametre.

In a large pan fry the chicken pieces. Cut the potatoes into chunks and add to the pan. Cover with water, then add the chopped garlic and a handful of parsley, a pinch of cumin and a pinch of saffron and bring to the boil.

When boiling add the meatballs and cook for a further 20 minutes.

Albóndigas en Caldo

Las albóndigas:
50g de magra de cerdo
50g de carne de ternera
50g de carne de pollo
40g tocino Ibérico
40g de longaniza blanca
40g de longaniza roja
Medio limón escurrido
8 huevos
Una poca al gusto del cocinero: pan rallado, piñones, ajos cortados, pimienta negra
La sopa:
1 litro de caldo de pollo
2 dientes de ajo
Azafrán
Perejil

Los ingredientes para las albóndigas se ponen todos juntos y se amasan bien. Moldeándolas la masa con las manos para que salgan redondas. Se pone aceite de oliva en una sartén y cuando esté caliente se va echando la masa con una cuchara a la sartén. Se fríen un poco y se van poniendo encima de un papel de cocina.

Después se hace un caldo de pollo y se le echa un tallo de azafrán picado en el mortero y dos dientes de ajo y perejil a su gusto. Se añade las albóndigas y se sirve.

Encarnación Sánchez Garnés

Meatballs in Soup

Meatballs:
50g minced pork
50g minced beef
50g minced chicken
40g bacon, minced
80g sausage meat
Rind of ½ lemon
8 eggs
A little of the following (your preference): 50g breadcrumbs, 10g pine nuts, 2-3 chopped garlic cloves, pepper
Soup:
1l of chicken stock
2 garlic cloves
Pinch of saffron
Handful of parsley

Mix all of the meatball ingredients together well. Heat some olive oil in a frying pan and when it's hot form small balls (about 7cm) of the meatball mixture with your hands and drop them into the pan to fry. Fry them a little, till browned, then set aside on kitchen paper to drain. Fry all the mixture.

Make the soup by heating the chicken stock in a large pan. In a pestle and mortar crush the strands of saffron, garlic and parsley, add to the soup. Add the meatballs and heat through to serve.

Albóndigas
en Caldo

Sopa de Cebolla

75g de mantequilla
250g de cebolla, 1,5l de caldo de ave
100g de queso rallado
12 rebanadas de pan
Sal y pimienta molida

Se dora la cebolla cortada en rodajes finas con mantequilla. Se añade el caldo, sal y pimienta y se cuece más o menos 15 minutos en fuego lento. Colocar el pan en une fuente y hornear. Se pone por encima el caldo y la cebolla. Por encima se pone queso. Poner al horno a gratinar hasta se funda el queso y forma una costra.

Carmen Cervera

Onion Soup

75g butter
250g onion, 1.5l chicken or vegetable stock
100g grated cheese (cheddar)
12 slices of bread (baguette)
Salt & pepper to taste

Thinly slice the onions and fry gently in the butter in a large pan that is suitable for the oven. Add the stock, salt & pepper and cook slowly for about 15 minutes. Toast the bread slices. Place the toasted bread on top of the soup and sprinkle the grated cheese on top. Place the whole pan under the grill or in a hot oven until the cheese melts.

Sopa de Ajo

1 cabeza de ajo
500g de pan
1l de agua
4 huevos (una por persona)
Aceite de oliva
Sal

Se fríen bien los ajos a rodajas en un poco de aceite. Se le pone agua y cuando hierva se echa pan en rodajas y se cuece unos minutos. Cuando esté echa se añade los huevos para escalfar y hierva unos 3 minutos. Que repose y servir calentita.

María Sánchez Gironés

Garlic Soup

1 head garlic
500g bread
1l water
4 eggs (1 per person)
3 tbsp olive oil
Salt

Cut the garlic into slices and fry well in the olive oil. Add water and bring to the boil, then add the bread in cubes and cook until the bread has softened. Break the eggs into the soup so that they poach, boil for a further 3 minutes. Leave to stand for a minute, then serve, one egg per person.

You can use yesterday's bread for cooking.

Sopa de Ajo

Alubias de Maruja

3 cucharadas de aceite
3 dientes de ajo
1 cebolla tierna picada
1 tomate (picada)
200g de jamón Serrano, en tacos
2kg de patatas, en trozos
1 boniato, en trozos
200g de calabaza, en trozos
1 nabo pequeño
1 cucharada de sobrasada
Unos pocos de cominos picados
Sal
1 bote de alubias cocidos
3 vasos de agua

En una olla se pone el aceite y se fríen los ajos, la cebolla, el tomate y los tacos de jamón. Cuando está todo frito se le ponen el agua, las patatas, los boniatos, la calabaza se rehoga todo y también la cuchara de sobrasada, los cominos picados y la sal a gusto.

Cuando está todo terminando de guisar se le pone el tarro de alubias, se cuece un poco y se deja reposar.

Maruja Castillejo

Haricot Beans from Maruja

3 tbsp of olive oil
3 cloves garlic
1 onion, chopped
1 tomato, chopped
200g Serrano ham in pieces
2kg potatoes cut into chunks
1 sweet potato peeled & cut into pieces (200g)
200g pumpkin cut into chunks
1 turnip cut into chunks
1 tsp *sobrasada* (or 1 tsp lard & ½ tsp paprika)
Pinch of cumin
Salt to taste
1 tin of haricot beans (400g)
3 glasses water

In a large saucepan fry the garlic, onion, tomato and pieces of ham with the olive oil. When they are browned add the potatoes, sweet potatoes, pumpkin, turnip, the *sobrasada* (or lard), a pinch of cumin and salt, and fry together. Add the water to cover.

Boil for about 20 minutes or until the vegetables are cooked through. Add the tin of haricot beans and heat through.

Potaje de Garbanzos con Albóndigas de Bacalao

500g de garbanzos
1 cebolla, Ajos
Azafrán de pelo
Pimientas ñoras
1 zanahoria, 1 puerro, 4 alcachofas
100g de judías verdes, 4 patatas
Pimentón, comino, sal
Perejil, aceite
700g de bacalao
4 huevos, pan rallado

Chickpea Stew with Cod Meatballs

500g chickpeas
1 onion, Garlic
Saffron strands
Dried red pepper (or red pepper)
1 carrot, 1 leek, 4 artichokes (quartered)
100g green beans, 4 potatoes
½ tsp of cayenne, cumin & salt
Parsley, olive oil
600g *bacalao* (salted, dried cod or fresh cod)
4 eggs, breadcrumbs

Los garbanzos se echan en agua el día antes. En una olla se ponen a cocer y se echan todos los ingredientes, la zanahoria, las judías, las alcachofas. Se hace un sofrito con el puerro, la cebolla, las ñoras y se echa a la olla y también las patatas. En el mortero se pican comino, ajos, perejil y azafrán.

Elaboración de las albóndigas: el bacalao se desala 2 días antes, se echa en agua que se va cambiando unas 3 o 4 veces. Se desmiga. Se echa ajos picados, perejil, pan rallado y huevos y se hacen las albóndigas. Se fríen. Y por último se echan en la olla. Se prueba la sal.

Antonia Fernández Conesa

If you're using dried chickpeas soak them the day before. Put the soaked chickpeas in a pan to cook and add the following: diced carrot, chopped green beans and the artichokes, with enough water to cover. Fry the sliced leek, finely chopped onion and chopped red pepper then add to the chickpeas. In a pestle & mortar crush the cumin, 3-4 cloves of garlic, a handful of parsley and a pinch of saffron.

To make the meatballs: desalt the *bacalao* 2 days prior by soaking in water, and changing the water 3 -4 times. Crumble the cod. Add chopped garlic (2-4 cloves), a handful of chopped parsley, the breadcrumbs and the eggs and mix well. Make into small balls and fry. Finally add the balls to the stew and check the seasoning. See the help section for more information about *bacalao*.

Potaje de Garbanzos
con Albóndigas
de Bacalao

Potaje con Sepia

2 sepias
1 cebolla grande
1 pimiento rojo
Ajos tiernos
1 cucharada pimentón dulce
2 cucharadas de tomate frito
1 hebra azafrán
1 bote de garbanzos cocido
2 patatas

Se sofríe la cebolla, el pimiento rojo, los ajos y la sepia. Cuando esté pochado se le añade el pimentón y el tomate frito.

Se añaden los garbanzos ya cocido y unos trozos de patata y se deja cocer a fuego lento.

Isabel López Soto

Cuttlefish Stew

2 cuttlefish
1 large onion
1 red pepper
Garlic
1 tbsp paprika
2 tbsp tomato *frito* (see recipe in Miscellaneous)
1 strand saffron
1 tin of chickpeas
2 potatoes

Fry the finely chopped onion, chopped red pepper and sliced cuttlefish. When it's cooked (15 minutes) add the paprika and the tomato *frito*.

Add the tin of chickpeas and the potato cut into pieces, with some water to cover and cook on a slow heat for about 20 minutes or until the potatoes are cooked.

Potaje con Sepia

<table>
<tr><td>

Sémola

1 cebolla
1 chorizo
2 cucharadas de aceite de oliva
8 cucharadas de harina
1l de agua
Sal

</td><td>

Grits

1 onion
1 chorizo sausage
2 tbsp olive oil
8 tbsp flour
1l water
Salt

</td></tr>
</table>

Se corta la cebolla y el chorizo y se fríen lentamente en aceite de oliva. Se añade la harina y se fríe durante uno minuto. Se añade 500ml de agua y mezcla bien en fuego lento. Se añade más agua si se necesita. Se cuece durante 15 minutos, y se revuelve muy bien para evitar grumos. Se come inmediatamente.

Maravillas Fernández Ramírez

Cut the onion and chorizo and fry slowly in the olive oil. Add the flour and fry for one more minute. Add 500ml of water and cook through on a low heat, mixing well. Add more water as necessary to make the consistency of thick cream. Cook for 15 minutes, stirring to avoid lumps, adding water as required. Serve immediately.

sémola

Guiso de Costillejas

500g costillejas
5 dientes de ajo
Perejil
Azafrán
50g de fideos
2 patatas
Aceite de oliva
Agua

Se cuece las costillejas en una sartén. Cuando estén asadas se echa las patatas y los fideos en la sartén con agua. Se echa una picada de ajo, perejil y azafrán y se añade a las costillejas. Se cuece durante 25 minutos a fuego lento.

María Dolores Sánchez

Sparerib Stew

500g spare ribs, cut into small pieces
5 garlic cloves
Handful parsley
Pinch saffron
50g noodles (spaghetti)
2 potatoes
Olive oil
Water

Cook the sparerib pieces in olive oil until browned. Then add the peeled and chopped potatoes and the noodles and enough water to cover and continue cooking. In a pestle and mortar mash the garlic, parsley and saffron, then add to the stew. Cook for about 25 -30 minutes, or until the potatoes are cooked.

Guiso de Costillejas

Lentejas a la Murciana	Murcian Lentils

Lentejas a la Murciana

250g de lentejas
1 cebolla
1 tomate madura
1 cabeza de ajos
2 hojas de laurel
1 miga de pan
6 cucharadas de aceite de oliva
2 cucharadas de vinagre
1 chorizo
1 trozo de jamo Serrano
1 zanahoria
1 calabacín

Se ponen las lentejas a remojo en agua la noche anterior a cocinarlas. Se coge una cacerola y se echan las lentejas remojadas y escurridas con la cebolla, tomate, cabeza de ajos, hojas de laurel, zanahoria y calabacín enteras con el chorizo y el jamón Serrano a trocitos pequeños y se pone todo a cocer a fuego lento una hora o más. Cuando esté cocido todo, se saca las verduras (cebolla, tomate calabacín, zanahoria) y se trituran con al batidora, y también le añadiremos la miga de pan con el vinagre y el aceite.

Se prueba, si necesita echar sal y se deja cocer una media hora más. Se deja reposar y se sirve.

Rosalía Solano

Murcian Lentils

250g lentils
1 onion
1 ripe tomato
1 head of garlic
2 bay leaves
100g breadcrumbs
6 tbsp olive oil
2 tbsp vinegar
1 chorizo
50g Serrano ham chopped into small pieces (or bacon)
1 carrot
1 courgette

Put the lentils to soak in water the night before, then cook according to the instructions on the packet. In a large pan add the washed, cooked lentils with the whole onion, tomato, garlic, bay leaves, whole carrot and whole courgette. Add the chopped chorizo, Serrano ham and water to cover and cook on a slow heat for around 1 hour. When it's cooked remove the vegetables (onion, tomato, carrot and courgette) and blend them with a hand held mixer. Add the bread crumbs, vinegar and olive oil and mix well.

Add the mixture back into the lentils and season with salt if necessary. Cook for a further 30 minutes. Allow to rest for a while and then serve.

Lentejas con Chorizo y Jamón

250g de lentejas
100g de chorizo en rodajes
1 patata
100g de jamón Serrano en trozos
1 tomate
1 cebolla en cortas finas
2-3 dientes de ajo
Agua

Se sofríe la cebolla y el ajo cortado. Se añade las lentejas, las patatas cortadas, el chorizo, el jamón, el tomate triturado y se tapan con agua. Se cuece durante 20 minutos en fuego lento.

María Dolores Sánchez

Lentils, Chorizo & Serrano Ham

250g of cooked lentils (jar or can)
100g of chorizo cut into slices
1 potato
100g Serrano ham in cubes/chunks
1 tomato
1 onion, finely chopped
2-3 garlic cloves
Water

Fry the onion and chopped garlic. Add the drained lentils, chopped potato, chorizo, ham, grated tomato and cover with water. Bring to the boil and cook for 20 minutes.

Lentejas con
Chorizo y Jamón

Gachasmigas con Tropezones

1 vaso de aceite
½ cabeza de ajos
1kg de harina
1l de agua
Sal
200g de panceta de cerdo
200g de salchicha fresca blanca
200g de salchicha fresca roja

En un cuenco se mezcla la harina, la sal y el agua y se amasa con una cuchara. En una sartén se pone el aceite y se fríen los ajos fileteados y se sacan. Se pone la masa en la sartén y se va friendo: con la rasera se va cortando la masa y moviendo hasta que queda hecha migas, unos 30 o 40 minutos. Antes de terminar se le incorporan los ajos fritos.

En una sartén aparte se ponen 3 o 4 cucharadas de aceite y se fríen la panceta y las salchichas troceados en trozos pequeños. Cuando estén dorados se sacan y se incorporan a las migas y se les de una vuelta todo junto y se sirve.

Rosario Pagán Noguera y María Sánchez Gironés

Gachasmigas, Sausage & Bacon

1 glass of olive oil
½ head of garlic
1kg flour
1l water
Salt
200g panceta or bacon
200g of white Spanish sausage
200g of red Spanish sausage

In a large bowl mix the flour, pinch of salt and the water with a spoon to make a dough. In a large frying pan with high sides fry the sliced garlic, then set aside. Add the dough to the frying pan and begin to fry, cutting the dough into small pieces with large metal spoons and continually moving. Cut the dough into smaller and smaller pieces until it resembles breadcrumbs - *migas*. This will take 30-40 minutes. Just before finishing cooking the *migas* add the garlic and stir through.

Meanwhile, in another frying pan fry the bacon and sausage cut into small pieces. When they are brown add them to the *migas* and mix through. Serve.

If you can't find Spanish sausage add 400g of your favourite sausage.

See the video: http://nativespain.com/murcia-region/gachasmigas-spanish-wintertime-recipe/

Gachasmigas
con Tropezones

Migas de Pan con Miel

500g de pan duro
3 cucharadas de aceite
3 dientes de ajo
Sal
3 cucharadas de miel

Se pone el pan en un bol con agua para desmigarlo. En la sartén se pone el aceite caliente se fríen los ajos. Se pone el pan desmigado y escurrido. Se pica para que se haga. Se le da la vuelta como se le da a la tortilla. Cuando estén hechas se echan en un plato llano se apartan y se les pone la miel por encima para comerlas.

Maruja Castillejo

Breadcrumbs with Honey

500g dry bread
3 tbsp olive oil
3 cloves garlic
Salt
3 tbsp honey

Put the bread in a bowl and add enough water for it be absorbed and the bread to go soft. Fry the garlic in a frying pan with the hot oil. Chop up the bread and then add it to the pan. Break it up in the pan whilst cooking, into *migas* – crumbs. Cook it through for 10 minutes, then place it on a flat plate and pour the honey over the top. Serve.

Rojiaos

500g de espinacas
3 tomates maduros
3 cabezas de ajos tiernos
4 morcillas
Un poco de hierba buena
Harina
Sal y aceite

En el aceite se fríen las morcillas, se sacan y se reservan. En el mismo aceite se fríe el tomate pelado y partido en trocitos. Cuando esté casi frito se añaden los ajos pelados, lavado y partidos. A continuación se echan las espinacas. Cuando estén pochadas se le echa el agua (como litro y medio o dos litros). Cuando empieza a hervir se le añade la hierbabuena y poco a poco diluyendo la harina hasta que tome la textura deseada (debe de quedar como una crema). Se rectifica de sal y se echan las morcillas.

María Cruz Talavera Sánchez

Rojiaos

500g spinach
3 ripe tomatoes
3 heads of garlic
4 *morcillas* (or black puddings)
1 tsp mint
300g flour
Salt & olive oil

Fry the *morcilla* in the oil, remove and reserve. In the same oil fry the peeled, chopped tomatoes. When they are almost fried add the peeled, chopped garlic. Add the spinach and when it is poached add about 1.5l – 2l of water. When it starts to boil add the mint and a little at a time add flour to bring it to the consistency you want, like thick cream. Stir and add more water or flour to get the correct consistency. Taste and check for seasoning, then add the *morcillas* and serve.

This recipe is from Moratalla in the North of Murcia.

Rojiaos

Verduras

Vegetarian Dishes

Ensalada de Col y Naranja

1 col (repollo)
2-3 naranjas
Sal y pimienta
Aceite de oliva
Vinagre

Se corta la col en trozos pequeños, y se coloca en una fuente. Las naranjas, se separa los gajos y se quita la pielecilla que las recubre. Se añade los gajos de naranja a la col, y se añade bastante aceite y vinagre. Sazonar con sal y pimienta.

María Rosario Fernández Ramírez

Cabbage & Orange Salad

1 white cabbage
2-3 oranges
Salt & pepper
100ml olive oil
50ml vinegar

Cut the cabbage into small pieces and spread on a serving plate. Peel and cut the oranges, removing the pith. Spread the segments around the cabbage. Pour over some olive oil and vinegar, and season with salt & pepper.

A surprisingly delicious and very simple salad that makes use of the abundance of oranges in the wintertime in Murcia.

Ensalada de Col y Naranja

Pisto Murciano

2 cebollas
1 pimiento rojo
2 calabacines
1 berenjena
2 tomates maduros
Aceite
Pimienta y sal

Ponemos el aceite en una sartén con las cebollas y el pimiento cortado y dejemos rehogar. Después incorporamos los calabacines también cortados y el tomate para freír. Por último, las berenjenas que habremos tenido, tras peladas y cortarlas, en agua y sal durante una hora, y freiremos después. Salpimentamos todo y mantenemos hirviendo a fuego lento, durante media hora.

Isabel López Soto

Fried Murcian Vegetables

2 onions
1 red pepper
2 courgettes
1 aubergine
2 ripe tomatoes
Olive oil
Salt & pepper

Peel the aubergine, chop into small chunks and soak in salted water for 1 hour. Heat enough olive oil to cover the bottom of a frying pan, add the finely chopped onions and red pepper and fry. Add the chopped courgettes and then the chopped tomatoes and continue frying. Finally add the drained aubergine, salt and pepper and continue cooking for half an hour on a low heat.

Pisto

2 cebollas
1 pimiento verde pequeño
1 pimiento rojo pequeño
1 calabacín mediano
2 tomates grandes
(Puede añadirse ademas una media berenjena)

Poner a freír 2 cebollas cortadas muy finas. Añadir los pimientos, el calabacín y los tomates todo cortados muy fino. Freír todo a fuego lento para que vaya quedando muy compacto. Sazonar con sal. Si se prefiere añadir una media pastilla de caldo de pollo.

Isabel Fernández Conesa

Pisto

2 onions
1 small green pepper
1 small red pepper
1 medium courgette
2 large tomatoes
(Add half an aubergine if you wish)

Fry the finely chopped onion till cooked. Add the finely chopped peppers, courgette and tomatoes and continue frying on a low heat until they are reduced. Season with a little salt. If you prefer you can add half a flavoured stock cube.

Gazpacho Murciano	Murcian Gazpacho
500g de tomates maduros	500g fresh, ripe tomatoes
250g de pepinos	250g peppers (red/green)
1 cebolla pequeña	1 small onion
Orégano	Pinch of oregano
100ml aceite de oliva	100ml olive oil
25ml vinagre	25ml white wine vinegar
100ml agua	100ml water
Sal	Salt to taste

Se pelan los tomates, los pepinos y la cebolla y se cortan en cuadritos pequeños en una ensaladera de cristal. Se le añade el aceite, el vinagre y el agua con el orégano y sal. Se pone todo en frigorífico y se sirve muy frió.

Mari Ángeles Gutiérrez

Peel the tomatoes and peppers and cut into very small cubes. Chop the onion finely. Place in a large glass bowl. Add the olive oil, vinegar, water, oregano and salt and stir. Place in the fridge and serve very chilled.

Olla Gitana

4 puñadas de garbanzos (Se ponen en remojo la noche anterior)
4 puñadas de alubias (Se ponen en remojo la noche anterior)
1 trozo de calabaza
150g de judías verdes
2 patatas
2 tomate
2 cebollas
1 chirivía
Hierba buena
Pimentón y sal

Poner en la olla los garbanzos, las alubias, calabaza, judías verdes, las patatas, 1 tomate, 1 cebolla y la chirivía con agua. Dependiendo de la olla, si es exprés unos 40 minutos, en olla normal más tiempo. Apartar y requemar 1 tomate y 1 cebolla ponen el pimentón y agregar a la olla. Echarle la sal y la hierbabuena molida, que hierva unos minutos y dejan reposar antes de servir.

Dori Parredes

Gypsy Stew

4 handfuls of chickpeas (soak the night before)
4 handfuls of haricot beans (soak the night before)
1 slice of pumpkin (200g)
150g green beans
2 potatoes
2 tomatoes
2 onions
1 parsnip
Bunch of mint
Pinch of cayenne pepper
Salt

In a pressure cooker add the chickpeas, haricot beans, diced pumpkin, potatoes peeled and chopped, 1 chopped tomato, 1 chopped onion and the chopped parsnip with some water. Cook for about 40 minutes. If using a normal saucepan cook for longer until the vegetables are soft.

Chop the other tomato and the onion and add the pinch of cayenne, add to the stew. Add a little salt and the finely chopped mint, cook for a few minutes more, then allow to rest before serving.

Potaje de Garbanzos, Habichuelas y Acelgas

100g de pan
1 tomate
1 cebolla
1 bote de garbanzos
1 bote de habichuelas
Acelgas (200g)
1 patata en trozos
2 dientes de ajos
Comino picado
Azafrán
Vinagre
Aceite de oliva

Se sofríe un poco de pan y se saca. Se le sofríe tomate y cebolla. Se le hecha 1 bote de garbanzos y otro de habichuelas. Las acelgas se cuecen aparte. Se hecha los trozos de patatas cuando estén todo hirviendo. Se pican ajos, se les hecha comino picado y azafrán. Cuando esté todo en la olla se le pica el pan que hemos frito y se le hecha en el mortero con un poco de vinagre y que esté bueno de sal. Si se quiere se le puede echar huevos duros a rodajas.

María Garnés Soler

Chickpea, Kidney Bean & Chard Stew

100g of bread
1 tomato
1 onion
1 jar of chickpeas
1 jar of kidney beans
200g of chard, washed and chopped
1 potato, peeled and cut into pieces
2 garlic cloves
Pinch of cumin
Pinch of saffron
3 tbsp vinegar
Olive oil

Fry the slices of bread in a large saucepan and remove. In the same oil fry the chopped tomato and chopped onion. Add a jar of chickpeas and kidney beans. Cook the chard in some boiling, salted water, then add to the pan. When it's boiling add the potato. Chop the garlic, add the cumin and saffron and add to the pan. In a pestle and mortar grind the fried bread and add the vinegar and salt if needed. Add all to the pot and cook through for 15 minutes. If you like you can serve this stew with sliced hard boiled eggs on top.

Champiñones al Horno

1,5kg de champiñones
100g de mantequilla
50ml de aceite de oliva
4 dientes de ajo
25g de pan rallado
1 ramito de perejil
Sal y pimienta

Se limpiar bien los champiñones y cortarlos en lonchas. Mezclar los ajos picados, el perejil picado y el pan rallado, sal y pimienta y se rocía con el aceite y la mantequilla en trocitos y repartir por encima de los champiñones. Al horno a 220°C en una bandeja unos 15 minutos aproximadamente. Se sirve bien caliente.

Carmen Cervera

Mushrooms in the Oven

1.5kg mushrooms
100g butter
50ml olive oil
4 garlic cloves
25g breadcrumbs
Parsley
Salt & pepper

Clean the mushrooms and cut into slices and place on an oven tray. Mix the chopped garlic, chopped parsley, breadcrumbs, salt & pepper with the olive oil and chopped butter. Baste the mushrooms with the mixture. Cook in a hot oven at 220°C for about 15 minutes. Serve hot.

Arroces

Rice Dishes

Arroz con Conejo

Para 6 personas:
500g de arroz
1 conejo
500g de tomates
1 pimiento rojo (250g)
Un poco de azafrán de pelo
250ml de aceite de oliva
Sal
200g de guisantes
2 alcachofas
Perejil
Agua
Media cabeza de ajos

Se fríe el pimiento, se sacan, y se pone en un plato. Se fríe las alcachofas y se sacan. Se fríe el conejo. Cuando esté frito se raspa los tomates y se hecha al conejo y se fríen. Cuando esté frito se le echa el agua.

En un mortero se pica los ajos y el perejil y el azafrán en pelo. Se le echan un poco agua y se echa a la sartén con el conejo. Se deja hervir 15 minutos. Entonces se le echa el arroz y las alcachofas y los guisantes. Cuando esté el arroz medio se echa el pimiento por encima y ya hasta que esté guisado.

María Sánchez Gironés

Rice with Rabbit

For 6 people:
500g paella rice (or risotto rice)
1 rabbit, cut into small pieces
500g tomatoes (chopped, tinned or fresh)
1 red pepper (250g)
Pinch of saffron strands
250ml olive oil
Salt
200g peas
2 artichokes, quartered
Handful of parsley
Water (1l – 1.5l)
½ head of garlic

Slice the red pepper into long pieces and fry in a large paella pan or frying pan. When they are lightly browned remove and set aside. Fry the artichokes and set aside. Fry the rabbit pieces, when they are browned add the chopped tomatoes. Fry for a few minutes then add the water, about 2 litres.

Meanwhile in a pestle and mortar crush the garlic, chopped parsley and the saffron, add a little water, then pour into the rabbit. Cook for 15 minutes. Add the rice, the artichokes and the peas. When the rice is half cooked (about 15 minutes) add the pepper slices, arranged on top and continue cooking for another 15 minutes, adding more water if necessary.

Arroz con Conejo

Arroz con Caracoles

Para 6 personas:
500g de arroz
200g de magra
750g de caracoles
2 tomates gordos
2 alcachofas
150g de guisantes
1 pimiento rojo
Azafrán
½ cabezica de ajo
Aceite
Sal
1l de agua

Se enfríe las alcachofas y se sacan. Se enfríe el pimiento y se saca también. Se enfríe la magra, los tomates raspados con el ajo picado. Se añade 1 litro de agua y el azafrán, y se deja a hervir. Cuando esté hirviendo se echa el arroz, los guisantes, las alcachofas y los caracoles (que estén bien lavadas y estén cocidos durante 15 minutos en bastante agua). Se echa un poco de sal y los pimientos por encima, y se sirve.

María Sánchez Gironés

Rice with Snails

For 6 people:
500g rice (paella or risotto)
200g pork, in cubes
750g snails, cleaned
2 large tomatoes
2 artichokes
150g peas
1 red pepper
Pinch saffron
½ head garlic
Olive oil
Salt
1l water

In a large frying pan or paella pan fry the quartered artichokes, set aside. Fry the red pepper cut into long strips and set aside. Fry the pork, with the grated tomatoes and the crushed garlic. Add 1 litre of water and the saffron and bring to the boil. When boiling add the rice, peas, artichokes and snails (which have been previously cooked by boiling for 15 minutes). Cook until the rice is tender, about 25 minutes, then add the pepper strips on top, leave to rest for a couple of minutes and serve.

Arroz con Caracoles

<table>
<tr><td>

Arroz con Habichuelas

250g de habichuelas
1 cebolla mediana
1 tomate
6 dientes de ajos tiernos
2 patatas
2 boniatos
3 alcachofas
150g de guisantes
Sal
1 cucharada de comino molido
1 cucharada de pimentón dulce
Azafrán
250ml de aceite
Agua
150g de arroz

</td><td>

Rice with Beans

250g beans (kidney, cannellini or borlotti beans)
1 medium onion
1 tomato
6 garlic cloves
2 potatoes
2 sweet potatoes
3 artichokes
150g peas
Salt
1 tbsp cumin
1 tbsp paprika
Saffron
250ml olive oil
Water
150g rice (long grain or risotto)

</td></tr>
</table>

Se echan las habichuelas en una cacerola y se pone a hervir, y a media cocción se echa las patatas, los boniatos, las alcachofas, los guisantes, el azafrán y los cominos. Se pone una sartén y se echa el aceite, se fríen los ajos tiernos, la cebolla, el tomate y cuando esté sofrito se echa un cucharada de pimentón, y se echa en la cacerola. Se deja hervir unos 10 minutos. Entonces se echa el arroz y se va echando el agua para que se quede caldoso.

María Garnés García

In a saucepan add the beans, cover with water and bring to the boil, when they are half cooked add the peeled, chopped potatoes and sweet potatoes, the peas, the quartered artichokes, the saffron and the cumin. Continue cooking. Meanwhile in a frying pan add the oil and fry the chopped garlic, finely chopped onion and grated tomato to make a *sofrito* (cook through for about 15 minutes), then add the paprika and pepper and pour into the saucepan. Pour in the rice and continue to cook until the rice is cooked through and the sauce is thickened.

Arroz con Costillejas y Magra de Cerdo

Para 6 personas:
1,3kg de costillejas en trozos
500g de carne de cabeza de cerdo
600g de arroz (o 100g por persona)
150ml de aceite
1 vaso de tomate frito
3l de agua (aproximadamente)
3 dientes de ajo

Se cuece las costillejas en 1l de agua en la olla de presión. Se fríe el ajo y el cerdo. Se añade el arroz y se fríe durante 3-4 minutos. Se añade el tomate frito, las costillejas y el agua de cocción. Se hierve hasta el arroz esté cocido, se añade agua si esté necesario. Se cubre y deja hasta 10 minutos, se sirve con trozos de limón.

Virtudes Corral Gonzalez

Rice with Spare Ribs & Pork

For 6 people:
1.3kg spare ribs cut into small pieces
500g pork, cut into cubes
600g rice – risotto or paella (or 100g per person)
150ml olive oil
1 glass of tomato *frito* (see recipe in Miscellaneous)
3l water (approx)
3 garlic cloves

Put the chopped spare ribs in a pressure cooker with 1 litre water. Cook for 20 minutes, then leave to cool. In a large frying pan fry the garlic and the pork pieces in the olive oil until browned. Add the rice and fry for a couple of minutes. Add the tomato *frito*, the spare ribs and the cooking water and bring to the boil. Stir occasionally, moving the rice from the centre of the pan to the sides, adding more water as needed. Cook for about 30 minutes, until the rice is just cooked and there is still a little liquid. Cover and leave for 10 minutes for the rice to absorb the remaining liquid, then serve with lemon wedges.

If possible it is best to use a paella pan, which has a large base and high sides, so the heat is spread evenly and the rice has room to expand. A large frying pan also works.

Watch this video to see the full recipe: www.nativespain.com

Arroz con Costillejas y Magra de Cerdo

Arroz con Verduras de la Huertana – Paella Huertana

Para 6 personas: 400g de arroz (bomba)
300g de coliflor, 1 patata, 2 alcachofas
1 limón, 1 pimiento rojo
200g de judías verdes
200g de habas tiernas desgranadas
200g de guisantes, 200g de berenjenas
2 tomates maduros, 1 manojo de ajos tiernos
100g de bacalao en salazón
250ml de aceite de oliva, 2l de agua
1 cucharada de pimentón, Azafrán de (pelo) hebra y sal

Lavar y trocear el pimiento rojo, quitando le el tallo y las semillas. Lavar, pelar y trocear la patata y de las alcachofas dejamos los corazones y los rociamos con zumo de limón para que no se pongan negros. Lavar y escurrir los tallitos de coliflor. Trocear y enjuagar las judías verdes, las habas desgranadas y los guisantes. Lavar y trocear las berenjenas poniéndolas a remojo con agua y sal. Rallar con ralladora los tomates. Asar el bacalao en la plancha hasta tostarlo.

Sofreír con el aceite todas las verduras en la paella mejor por separado y reservando. Rehogar luego todos las verduras juntas 4/5 minutos.

Echar el arroz y dar unas vueltas. Añadir el agua hirviendo, azafrán, pimentón y sal durante unos 20 minutos. Cuando esté a medio hacer, agregar los trozos de bacalao. Añadir agua conforme se vaya consumiendo. Dejamos reposar unos minutos y servir.

Rosalía Solano

Rice with Market Garden Vegetables

For 6 people: 400g paella rice (or risotto rice)
300g cauliflower, 1 potato, 2 artichokes
1 lemon, 1 red pepper
200g green beans, 200g broad beans
200g peas, 200g aubergine
2 ripe tomatoes, 1 handful fresh garlic
100g *bacalao* or cod
250ml olive oil, 2l water
1 tbsp cayenne pepper
Saffron strands and salt

Wash and cut the red pepper into slices. Wash peel and cut the potato and artichokes into chunks. Cover the artichoke hearts in lemon juice to stop them going brown. Wash and drain the cauliflower pieces. Cut and rinse the green beans, broad beans and peas. Wash and cut the aubergine and place in salted water. Grate the tomatoes. Fry the cod in a pan until it's lightly toasted. In a large frying pan fry each of the vegetables separately in the oil, then set aside. When they are fried add them all back into the pan and heat through for 4-5 minutes.

Add the rice to the pan and stir. Add the hot water, saffron, cayenne and salt and cook for 20 minutes. When it's about half way cooked add the cod pieces. Add more water if needed during cooking. Leave to rest and then serve. Use whatever vegetables you have to hand or that are in season.

Arroz de Pescado y Marisco

Para 6 personas: 400g de arroz (bomba)
200g de gambón, 200g de langostinos
200g de atún, 200g de emperador
400g de mejillones, 200g de almejas
200g de calamares o sepia, 500g de tomates maduros
1 ñora, 1 pimienta rojo, azafrán de hebra
Aceite de oliva, sal, ajo y perejil
Caldo de Pescados:
2kg de pescado menudo o morralla (cabezas, espinas…)
2l de agua, ajo y sal

Hacemos un caldo de pescado con los 2kg de morralla, 2 l de agua, ajo y sal, con aceite en una cazuela tapada a fuego lento durante 1 hora. Apartar y colar manteniendo caliente. Se sofríe en la paellera el atún y el emperador cortado a tacos y sin espina, los calamares, la sepia, los mejillones, las almejas, las gambas y los langostinos.

Haremos un sofrito con un poco de aceite primero con la ñora que apartaremos enseguida para que no amargue. Se tritura y se le añade caldo de pescado y se reserva.

Después ponemos el tomate picado, el pimiento y el arroz que le daremos unas vueltas. A continuación picaremos en un mortero los ajos y el perejil que añadiremos a la ñora. Echarlo lo todo al sofrito con el marisco. Finalmente añadiremos el arroz y 1,2 litros del caldo de pescado y la sal. Dejarlo cocer unos 20 minutos. Añadir caldo si hace falta y rectificarlo de sal. Se deja reposar unos minutos y se sirve caliente, acompañándolo de alioli.

Rosalía Solano

Rice with Fish & Seafood

For 6 people: 400g paella rice (or risotto rice)
200g large prawns (in shells), 200g langoustines
200g fresh tuna, 200g swordfish
400g mussels, 200g clams
200g squid or cuttlefish, 500g ripe tomatoes
1 *ñora*, 1 red pepper, pinch saffron
Olive oil, salt, garlic & parsley
Fish Stock:
2kg white bait or small fish (plus heads & spines)
2l water, garlic & salt

Make the fish stock by adding the small fish, water, garlic & salt to a large pan with a lid and cook on a slow heat for around 1 hour. Keep warm & set aside.

In a paella pan or a large frying pan fry the tuna and the swordfish that has been de-boned and cut into chunks. Add the cut squid or cuttlefish, the mussels, clams, prawns and langoustines.

In another pan make a *sofrito* by frying the *ñora* quickly so that it doesn't go bitter. Grind it and add a little of the fish stock, set aside.

Next add the chopped tomatoes, the chopped pepper and the rice to the pan and stir. In a pestle and mortar grind the garlic and parsley and add to the *ñora*. Add all of the *sofrito* ingredients to the fish. Finally add the rice, 1.2 litres of the fish stock and some salt. Cook for 20 minutes. Add more stock if needed and check the seasoning. Leave to rest for a few minutes and serve hot with *alioli* (see recipe in Miscellaneous).

Paella Llamado Empedrado

1 tomate
1 cebolla
1 pimiento rojo
1 molla de bacalao desmenuzado
4 puñados de arroz
Guisantes
Azafrán
Perejil
Agua
Aceite

Se hace el sofrito con tomate, cebolla, pimiento rojo y una molla de bacalao desmenuzado. Después se le añade el arroz y guisantes cocidos anteriormente o bien cocidas de bote. Un puñado de arroz por persona. Se le hace un picado de azafrán y perejil, el agua de cocción según la cantidad que se vaya hacer.

Esta receta es muy antigua.

Encarnación Sánchez Garnés

Rice with Cod

1 tomato
1 onion
1 red pepper
200g cod (or *bacalao* desalted)
4 handfuls of rice (400g)
200g peas (cooked or tinned)
Pinch saffron
Handful parsley
Water
Olive oil

Make a *sofrito* by frying the chopped tomato, chopped onion, chopped red pepper and the cod broken into pieces in a large frying pan. Next add the rice and cooked peas. Add 1 handful of rice per person. Crush the saffron and parsley in a mortar, add to the frying pan with enough water depending upon how much rice. About 1 litre to start, add more as needed. Cook for about 20 minutes, then leave to rest. Serve hot.

This is a very old recipe.

Pescados

Fish Dishes

Bacalao Noruego al Horno

4 porciones de bacalao Noruego
1 lata tomate frito natural (casero)
Sal
Ciruelas pasas
Pasas
Piñones
1 huevo
Aceite girasol
1 diente de ajo

En una fuente de horno echar el tomate frito, poner encima las porciones de bacalao incorporarles las pasas, ciruelas y piñones. Con el huevo, el ajo y el aceite hace un alioli clarito y echarlo por encima. Meter en el horno (previamente calentado) unos 20 minutos a 200°C solamente por abajo sin gratinar.

Dori Parredes

Norwegian Cod in the Oven

4 pieces of Norwegian cod
400g tomato *frito* (see recipe)
Salt
100g prunes
50g raisins
50g pine nuts
1 egg
250ml vegetable oil
1 clove garlic

On an oven tray put the tomato *frito*, on top place the pieces of cod with the prunes, raisins and pine nuts on top of them. Make an *alioli* with the egg, oil and garlic (see recipe in Miscellaneous). Pour the *alioli* on top. Cook in the bottom of a hot oven at 200°C for 20 minutes.

Bacalao a la Dorada

Para 6 personas:
500g de bacalao
1 cebolla grande
4 patatas
6 huevos (uno por persona)
Aceite de oliva
Pimienta molida para sazonar
Aceitunas negras para decorara (opcional)

El día antes de preparar el Bacalao a la Dorada metemos las piezas de bacalao en un bol con agua, para desalarlo, y cambiamos el agua tres o cuatro veces. Una vez desalado, le quitamos la piel y las espinas al bacalao.

Pelamos, lavamos y cortamos las patatas en tiras fina (como patatas pajas). Las freímos en una sartén con abundante aceite caliente.

Aparte troceamos la cebolla (en tiras no muy gruesas) y la pasamos por otra sartén con un chorrito de aceite de oliva. Mientras vamos desmenuzado el bacalao con las manos y vamos echando los trozos resultantes en la sartén junto la cebolla y el aceite. Cuando tengamos las patatas bien crujiente las añadimos a la sartén donde esta el bacalao. Se añaden los huevos y le damos vueltas para que se mezcla todo bien a modo de revuelto. Con esto queda listo para comer. Sazonar con un poco de pimienta.

José Antonio Márquez Gudiño

Golden Cod

For 6 people:
500g *bacalao* (or cod)
1 large onion
4 potatoes
6 eggs (1 per person)
Olive oil
Pepper
Black olives for decoration (optional)

If you're using *bacalao*, then the previous day, put the *bacalao* in a bowl with plenty of water to de-salt it. Change the water 3-4 times. Once it's desalted remove the skin and the bones. If using cod, just remove the skin and bones.

Peel, wash and cut the potatoes into very thin strips (like French fries). Fry in lots of hot olive oil.

In another frying pan fry the sliced onion in olive oil. Meanwhile break the cod into small pieces with your hands and put the pieces in with the fried onions. When the chips are well fried add them to the pan with the cod. Next add the eggs and mix really well with the other ingredients to make a scrambled egg texture. When the eggs are cooked through it's ready to eat. Season with a little pepper if you want.

This recipe is from the Extremadura region of Spain.

Zarzuela de Marisco

400g de mejillones, 300g de almejas
400g de merluza, 400g de salmón, 400g de emperador
300g de langostinos o gambas
4 cigalas
3 tomates, 1 cebolla
1 zanahoria, 1 pimiento rojo
3 dientes de ajo
2 ramitas de perejil
1 vaso de vino blanco
3 cucharadas de aceite de oliva virgen
Zumo de ½ limón
1 cucharada de coñac
Pimienta y sal

Se tritura la cebolla y la zanahoria. Por separado ajo y perejil y los tomates. Se cortan los pescados (merluza, salmón y emperador) en trocitos cuadrados. En una sartén se echan la primera picada con el aceite, y se añade los pescados cortados y los moluscos (mejillones y almejas) y los crustáceos (langostinos, gambas y cigalas). Cuando los mejillones y las almejas se abran se añaden los tomates triturados y se condimenta con sal y pimienta. Después añadimos el coñac y el vino blanco y finalmente el pimiento en trocitos pequeños.

Se cuece todo a fuego lento durante 15 minutos hasta que espese. Se retira del fuego y se deja reposar. Se sirve rociado de zumo de limón.

Mari Ángeles Gutiérrez

Seafood Medley

400g mussels, 300g clams
400g hake, 400g salmon, 400g swordfish
300g prawns (in their shells)
4 crayfish
3 tomatoes, 1 onion
1 carrot, 1 red pepper
3 garlic cloves
Handful of parsley
1 glass white wine
3 tbsp extra virgin olive oil
Juice of ½ lemon
1 tbsp cognac
Salt & pepper

Finely dice the onion and carrot. In another bowl finely chop the garlic, parsley and tomatoes. Cut the fish (hake, salmon & swordfish) into cubes. In a large pan add the oil and the diced onion and carrot. Add the cut fish, the mussels & clams and the prawns & crayfish. Cook over a medium heat until the mussels and clams open, then add the chopped tomato mix and a little salt & pepper. Add the cognac and wine and the finely diced red pepper.

Cook over a slow heat for about 15 minutes, until the sauce thickens. Leave to stand for a while. Serve drizzled with the lemon juice.

Lubina al Horno

Para 2 personas:

1 lubina, abierta sin espina (o dorada rodaballo)

2 patatas grandes

1 cebolla grande

200g de champiñones

½ vasito de vino blanco

1 rama de perejil

2 dientes de ajo

2 cucharadas soperas de pan rallado

Aceite

Sofreír los filetes del pescado. Sofreír las patatas cortadas en rodajas. Sofreír la cebolla cortada muy fina, cuando esté pocha añadir los champiñones cortado en trocitos pequeños. (Ir poniendo a los sofritos la sal correspondiente al gusto.)

En una bandeja de horno colocar en la base las patatas formando una capa compacta. Encima colocar el pescado con la parte de la piel hacia abajo. Cubrir el pescado con el sofrito de cebolla y champiñones y rociar con el vino blanco. Finalmente añadir el ajo y perejil picado mezclado con el pan rallado, repartiendo por encima. Se es preciso añadir un poco de agua para que no quede seco. Meter al horno caliente a 170°C entre 10 y 15 minutos hasta que dore.

Isabel Fernández Conesa

Sea Bass in the Oven

For 2 people:

1 sea bass, filleted, spine removed (or bream or turbot)

2 large potatoes

1 large onion

200g mushrooms

½ small glass of white wine

1 stem of parsley

2 garlic cloves

1 tbsp breadcrumbs

Olive oil for frying

Fry the sea bass fillets, set aside. Fry the potatoes cut into discs, set aside. Fry the finely chopped onion and when cooked add the thinly sliced mushrooms. Add a little salt, to your own taste.

On an oven tray make a compact base of the fried potatoes. Put the fish fillets on top, skin side down. Cover the fish with the onion and mushrooms and sprinkle with the white wine. Finally finely chop the garlic and parsley and mix with the breadcrumbs and sprinkle on top. If needed during cooking add a little water so it doesn't become too dry. Cook in a pre-heated oven at 170°C for 10-15 minutes, until it's browned.

Lubina al Horno

Cazuela de Merluza

4 rodajas de merluza
Poco de harina
1 cebolla
1 patata
12 almejas
8 gambas
1 tomate maduro
2 dientes de ajo
½ vaso de vino blanco
Perejil

Se reboza la merluza en un poco de harina y se fríe. Se fríen la cebolla cortada pequeña y el tomate cortado para hacer un sofrito. Se pica el ajo y el perejil en el mortero. Se añade la picada a la sofrito y se pican con la batidora. Se pone la mezcla en la cazuela con la merluza, la patata cortada, las almejas, las gambas y el vino blanco y se cuece durante 25 minutos.

María Dolores Sánchez

Antonia Fernández Conesa

Hake Casserole

4 hake steaks
A little flour
1 onion
1 potato
12 clams
8 prawns
1 ripe tomato
2 cloves garlic
½ glass white wine
Parsley

Dip the hake slices in flour and then fry till browned on both sides. Finely chop the onion and tomato and fry to make a *sofrito*. In a mortar & pestle crush the garlic and parsley, then add to the *sofrito* and using a hand held blender blend to a smooth paste. Put this mixture in a large pan, add the potato cut into small chunks, the clams, the prawns and the white wine and cook for 25 minutes.

Cazuela de Merluza

Pescado a la Sal

Para 2 personas:
1 pescado mediano o de ración por persona – dorada o mújol
2kg sal gorda (aproximadamente)

Se cubre el fondo de una bandeja con sal gorda y se coloca encima el pescado entero (con vísceras y escamas), es decir, sin limpiar. Se cubre totalmente con más sal gorda, tapando todo el pescado y presionando con las manos para que se forme bloque.

Se introduce al horno muy caliente, unos 20 minutos. Cuando el pescado esté horneado, se rompe la sal (se habrá formado una costra) con unas gotas de agua y unos golpes con la espátula de madera.

Se retira toda la sal y la piel del pescado y se sirve el pescado limpio y acompañado con unas gotas de limón.

Mari Ángeles Gutiérrez

Fish in Salt

For 2 people:
1 medium fish or a piece per person – bream or mullet
2kg coarse salt

Cover the base of a baking pan with salt. Place the whole fish on top. There's no need to de-scale nor clean the fish. Cover the fish with more salt, patting it on to the fish to make a case. Use a little pressure with your hands.

Cook in a very hot oven for about 20 minutes. When cooked, remove and break the salt case. Use a few drops of water and hit it with a metal spoon to break the case.

Remove all of the salt, take the skin off the fish and remove the guts. Serve with some lemon wedges.

Estornino en Escabeche

1kg de estornino

2 cabezas de ajos

4 hojas de laurel

1 cucharadita pequeña de pimiento molido

Sal

300g guisantes o alcachofas

El Escabeche – todo picado en el mortero:

3 dientes de ajo

1 copa de vinagre

2 copas de agua o más

1 cucharadita pequeño de pimiento molido

2 hojas de laurel

Para limpiar el pescado se lava bien, se corta en rodajas, y se deja unos minutos en el frigorífico así al freírlo no se rompe.

Se fríe el pescado y unos dientes de ajo, también las alcachofas y los guisantes, las hojas de laurel y la pimienta y sal. Cuando esté todo frito se le añade el escabeche. Se deja hervir unos minutos y lista, se puede servir frío.

Nasi Conesa Fernández

Mackerel in Brine

1kg mackerel

2 heads garlic

4 bay leaves

1 tsp pepper

Salt

300g peas and/or artichokes

The brine – crush the following in a pestle & mortar:

3 cloves garlic

1 glass wine vinegar

2 glasses water

1 tsp pepper

2 bay leaves

Wash the fish well, cut into slices (about 10cm) and leave for a few minutes in the fridge so that the pieces don't break when frying.

Fry the fish with a few cloves of garlic, add the peas and/or artichokes, the bay leaves and salt & pepper. When everything is fried add the brine, cook for a few minutes and it's ready. Serve hot or cold.

Estornino en Escabeche

Truchas a mi Manera

4 truchas
1 cebolla, 250g de champiñones
4 dientes de ajo, 200g de jamón Serrano
2 cucharaditas de pimentón dulce
1 hoja de laurel, 1 rama de perejil
20 granos de pimiento en grano
1 cucharon de aceite de oliva
1 o 2 cucharadas de harina
Sal, vino blanco

Se pica el perejil. Se corta en taquitos el jamón. Se corta en juliana fina la cebolla. Los ajos se pelan y se cortan en laminas gruesas. Las truchas se limpian y se salan. Se pasan las truchas por la harina y se fríen en una sartén con aceite de oliva, junto con los taquitos de jamón. Cuando estén doraditos pon los dos lados se retiran.

En el mismo aceite se sofríen la cebolla, dos ajos y los champiñones hasta que la cebolla está bien pochadita. En un mortero se hace una picada con los ajos restantes, el perejil, los granos de pimienta y el pimentón dulce.

Agregar el contenido del mortero a los champiñones. Poner las truchas en una cazuela añadiéndole el mezclado de champiñones y un vaso de vino blanco (pequeño), dejándolas a fuego lento unos 20 minutos. Se sirven las truchas con la salsa y champiñones por encima.

José Antonio Márquez Gudiño

Trout Extremadura Style

4 trout
1 onion, 250g mushrooms
4 garlic cloves, 200g Serrano ham
2 tsp paprika
1 bay leaf, 1 handful parsley
20 black peppercorns
2 tbsp olive oil
1 or 2 tbsp flour
Salt, 1 glass white wine

Chop the parsley. Cut the ham into small pieces. Finely chop the onion. Peel and slice the garlic. Clean the trout and season. Dip the trout in the flour and fry in a pan with olive oil, along with the ham pieces. When the trout is browned on both sides remove.

In the same oil fry the onion, 2 garlic cloves and the mushrooms, until the onion is well softened. In a pestle and mortar crush the remaining garlic, parsley, peppercorns and paprika. Add the mortar mixture to the mushrooms. Put the trout in a pan, add the mushroom mixture and a glass of white wine. Cook on a low heat for 20 minutes.

Serve the trout with the mushroom sauce on top.

This recipe is from the Extremadura region of Spain.

Merluza con Patatas

800g de filetes de merluza
2 limones
2 huevos
1kg de patatas
5 cucharadas de nata líquida
Sal
Aceite
Perejil
Harina
Leche

Pelar las patatas, cortados en rodajas y cocerlas en una olla con mitad de agua y mitad de leche durante 20 minutos. Se baten los huevos. Se exprimen los limones. Salar los filetes y se rebozan con el zumo de limón, la harina y los huevos. Se fríe en aceite bien caliente y se colocan en un plato con papel de cocina. En una fuente se colocan las patatas y se le echa nata líquida por encima y el perejil muy picado. Encima se colocan los filetes.

Carmen Cervera

Hake with Potatoes

800g hake fillets
2 lemons
2 eggs
1kg potatoes
5 tbsp single cream
Salt
Olive oil
Handful parsley
Flour
Milk

Peel the potatoes and cut into discs, cook in a pan covered with half water and half milk for 20 minutes.

Beat the eggs. Juice the lemons. Season the fish fillets and then coat in the lemon juice, the flour and then the beaten eggs. Fry in very hot oil and place on kitchen towel to drain. On a serving plate add the drained potatoes, pour the cream over the top and the finely chopped parsley. Put the cooked fillets on top and serve.

Caballa con Pimientos

3 caballos (o otro pescado similar)
500g de pimientos rojos y verdes
1 cebolla grande
2 dientes de ajo
150ml de aceite de oliva
100ml de vino blanco
Orégano
Pimienta y sal

Asar los pimientos, pelar y cortar en tiras. Rehogar la cebolla y los ajos (sin dorar). Añadir los pimientos con el orégano, pimienta y sal y cocer a fuego vivo unos cinco minutos.

En una sartén, con el resto del aceite freímos la caballa limpia y hecha filetes, durante tres minutos.

Colocamos en una fuente los filetes de caballa y los pimientos alrededor.

Rosalía Solano

Mackerel with Peppers

3 mackerels
500g of red and green peppers
1 large onion
2 cloves garlic
150ml olive oil
100ml white wine
Pinch of oregano
Salt & pepper

Roast the peppers, remove the skins and cut into strips.

Fry the chopped onion and garlic, without browning. Add the pepper strips, oregano, salt & pepper and cook on a high heat for about 5 minutes.

In a frying pan fry the clean, filleted mackerel in olive oil. About 3 minutes should be enough. Place the fried mackerel fillets on a plate along with the peppers.

Anguilas Fritas

800g de anguilas
100g de harina
1 limón
300ml de aceite
Sal

Cortar el limón en rodajes. Limpiar, trocear, salar y enharinar el pescado. Calentar el aceite y freír el pescado, sacar y poner en una fuente. Servir a lado de las rodajas de limón.

Carmen Cervera

Fried Eels

800g eels
100g flour
1 lemon
300ml olive oil
Salt

Cut the lemon into slices. Clean and then cut the eels into large chunks. Add a little salt and dip in the flour to coat. Heat the oil and then fry the eel chunks. Remove and put on a plate. Serve with the lemon slices.

Mejillones al Vino

24 mejillones
4 puerros
1 vaso de vino blanco
1 cucharada de maicena
1 cucharada de vinagre
2 cucharadas de mostaza
2 dientes de ajo
Perejil
Aceite
Sal

En una olla se pone a hervir 2 dedos de agua, una pizca de sal, dos dientes de ajos y los puerros cortados. Se añade los mejillones lavados y dejar que se abran. Se escurren y se quita la concha de encima. Colar el caldo de cocer, los mejillones y echa el vino blanco.

En una sartén echa un chorito de aceite y se dora con la maicena. Se añade caldo poco a poco sin dejar de remover. Cuando esté espesa la salsa se deja de remover y se quita del fuego y se echa vinagre, perejil picado y mostaza. Se pone otra vez en fuego un poquito todo y en una fuente, se poner mejillones y por encima la salsa.

Carmen Cervera

Mussels in Wine

24 mussels
4 leeks
1 glass white wine
1 tbsp cornflour
1 tbsp vinegar
2 tbsp mustard
2 cloves garlic
Parsley
Olive oil
Salt

In a large saucepan add 2 fingers of water, a pinch of salt, the garlic cloves and the leeks thinly sliced. Wash the mussels and remove the beards. Add to the pan and cook until they are all open. Drain and remove the flesh from the shells. Strain the cooking liquid add the mussels and the wine.

In a frying pan add a small amount of oil and add the cornflour and cook through. Add the strained cooking liquid a little at a time and stir well. When the sauce is thickened remove from the heat, continue stirring and add the vinegar, chopped parsley and mustard. Put the pan back on the heat and cook a little longer. Serve the mussels with the sauce poured over.

Coliflor con Almejas

1kg de coliflor
500g de almejas gordas
2 cebollas medianas
500g de tomates maduros
2 cucharadas de aceite
1 cucharadita de harina
½ cucharadita de pimentón dulce
1 clavillo
150ml de vino blanco
Un diente de ajo
10g de piñones
Una pizca de canela

Poner las almejas en una cacerola con un poquito de agua para que abran al vapor.

Sofreír la cebolla muy fina y el tomate, cuando esté tierno añadir la harina y pimentón.

Poner un una cacerola: la coliflor troceada con el caldo de las almejas, el sofrito, el vino, la pizca de canela, el clavillo los piñones picados y el ajo picado.

Cuando la coliflor esté tierna añadir las almejas y apagar. Si sirve al gusto, frío o caliente.

Isabel Fernández Conesa

Cauliflower & Clams

1kg cauliflower
500g large clams
2 medium onions
500g ripe tomatoes
2 tbsp olive oil
1 tsp flour
½ tsp paprika
1 clove
150ml white wine
1 garlic clove
10g pine nuts
Pinch of cinnamon

Put the clams in a large pan with a glass of water and heat until they are all opened.

Fry the finely chopped onion and the finely chopped tomatoes. When they are cooked add the flour and paprika.

In a saucepan put: the cauliflower cut into florets with the liquid from the clams, the fried onions and tomatoes, the wine, the pinch of cinnamon, the clove, the chopped pine nuts and the finely chopped garlic and cook on a low heat.

When the cauliflower is cooked add this mixture to the clams and mix through. Serve hot or cold.

Coliflor con Almejas

Salmón en Salsa

600g de salmón fresco
1 cucharada de alcaparras
2 ajos
1 cebolla
1 vaso de vino blanco
2 cucharadas de harina
Perejil
Pimienta y sal
Aceite de oliva

Se corta el salmón a cuadritos. Se salpimienta y se pasa por harina. Ponemos abundante aceite en una sartén, lo freímos y lo reservamos. En ese aceite (si es mucho, reducimos un poco) freímos el ajo y la cebolla picados y añadimos el salmón, el perejil menuditos, el vino blanco y las alcaparras.

Se pone a cocer unos 10 minutos. Se sirve acompañado de patatas cocidos.

Mari Ángeles Gutiérrez

Salmon in Sauce

600g fresh salmon
1 tbsp capers
2 heads garlic
1 onion
1 glass white wine
2 tbsp flour
Handful of parsley
Salt & pepper
Olive oil for frying

Cut the salmon into cubes. Season with salt & pepper and then cover in flour. Put plenty of olive oil in a pan, fry the salmon until browned and set aside. In the same oil (remove some if there is too much) fry the finely chopped garlic and onion, add the salmon, the chopped parsley, white wine and capers.

Cook over a low heat for about 10 minutes. Serve with boiled potatoes.

Calamares Rellenos

4 calamares medianas
1 cebolla grande
2 huevos duros
2 cucharaditas de pimentón dulce
1 puñado de piñones
2 cucharadas de harina
Perejil picado
1 vaso de vino blanco
1 chorrito de coñac o brandy

Se lavan y limpian los calamares, quitandoles la piel y vaciandolos por dentro y se reserva.

Las aletas y las patas se pican con el perejil y los huevos duros. Se sofríe primero la cebolla picada y a continuación la mezcla anterior. Cuando esté doradito se le añade los piñones, la harina y el pimentón dulce. Con esta masa se rellenan los cuerpos de los calamares y se cierran con un palillo.

Se ponen en una cacerola a cocer a fuego lento con el vino y el coñac hasta que se reduzca el líquido a la mitad.

Rosalía Solano

Stuffed Squid

4 medium squid
1 large onion
2 hard boiled eggs
2 tsp paprika
Handful of pine nuts
2 tbsp flour
Handful of parsley, chopped
1 glass white wine
1 measure of cognac or brandy

Wash and clean the squid, remove the skin and empty the inside (remove the beak) and set aside.

Cut the squid wings and tentacles into very small pieces and mince with the parsley and hard boiled eggs. Fry the finely chopped onion, then add the squid mixture and fry some more. When the mixture is browned add the pine nuts, flour and paprika and mix through. Stuff the squid bodies with this mixture and secure the open ends with tooth picks.

Place the stuffed squid in a pan and cook on a low heat with the white wine and cognac until the liquid has reduced by half.

Bonito en Rollo

750g de bonito
100g de jamón york
2 pimientos de lata
2 dientes de ajo, 1 cebolla
1 huevo cocido, 1 huevo crudo
Un poco de harina, 2 cucharadas de miga de pan
Unas aceitunas sin hueso
2 cucharadas de leche, ½ vaso de vino banco
Aceite de oliva y sal

Al bonito (puede hacerlo con otro pescado) se le quitan las espinas y la piel. Una vez limpio lo picamos y lo sazonamos con ajo, sal y perejil que habremos picado en el mortero. Agregamos el jamón, los pimientos, el huevo duro y las aceitunas muy bien picado. Después la miga de pan remojada en leche, batimos el huevo y lo mezclamos todo muy bien.

Hacemos dos rollos que se pasan ligeramente por harina y se fríen en aceite bien caliente hasta que estén dorados. Cortamos la cebolla en aros y la ponemos en una cazuela, encima los rollos y sobre ellos se vierte el aceite de freírlos y machacamos el ajo y perejil y se lo ponemos con el vino.

Se deja cocer lentamente, aproximadamente media hora.

Se deja enfriar y se puede servir cortados en rodajes y con la salsa triturada para acompañar.

Rosalía Solano

Tuna Rolls

750g of fresh tuna
100g boiled ham
2 roasted peppers from a jar
2 cloves garlic, 1 onion
1 hard boiled egg, 1 raw egg
A little flour, 2 tbsp breadcrumbs
100g stoneless olives
2 tbsp milk, ½ glass white wine
Olive oil & salt

Remove any bones and the skin from the tuna. Chop finely, season with chopped garlic, salt and chopped parsley that has been crushed in a pestle & mortar. Add the ham, boiled egg and the olives all finely chopped. Soak the breadcrumbs in the milk, beat the egg and add both to the fish mixture and mix thoroughly.

Break into two pieces and make into two rolls, coat in the flour and fry in hot oil until they are browned all over. Slice the onion and place in the bottom of a large pan, put the rolls on top and on top of the rolls pour the oil used for frying and the wine. Cook slowly for about ½ an hour. Allow to cool, cut into slices and serve with the sauce to accompany.

Sepia al Rovin

4 sepia grandes
2 patatas grandes
Aceite de oliva
1 bote pequeño de tomate concentrado
Agua
Sal y pimienta
Alioli

Cortar la sepia en trozos. Pelar las patatas y corta en trozos gordos. Freír la sepia en un poco de aceite de oliva en una sartén grande. Pone la sepia estando la sartén y el aceite frío, nunca con la sartén caliente pues se encojen los músculos y sale dura. Dejar calentar a fuego lento y subir a mediano hasta que este dorada ligeramente.

Incorporar tomate concentrado y las patatas y añadir agua hasta que estén cubiertas. Salpimentar a su gusto. Cubrir y dejar hervir a fuego lento 1 hora. En ese tiempo preparar la salsa alioli un buen mortero de ajo.

Cuando está cocida la sepia y las patatas poner dentro la salsa alioli y revolver bien. Servir con espagueti al dente.

Patricia Fernández Sánchez

Cuttlefish Rovin Style

4 large cuttlefish
2 large potatoes
Olive oil
1 small tin of tomato concentrate
Water
Salt & pepper
Alioli (see recipe in Miscellaneous)

Cut the cuttlefish into pieces. Peel the potatoes and cut into chunks. Cook the cuttlefish in a small amount of oil in a large pan – making sure the oil and the pan are cold when you add the cuttlefish. Keep the heat low so that the cuttlefish doesn't get tough. Cook slowly until the cuttlefish is lightly browned.

Add the tomato and the potatoes, add enough water to cover. Add salt & pepper to your own taste. Cover the pan and cook slowly for 1 hour. Meanwhile make the *alioli*.

When the cuttlefish and potatoes are cooked through add the *alioli* and stir. Serve with some spaghetti.

Carnes

Meat Dishes

Lomo con Almendras

500g de lomo de cerdo
200ml de nata líquida
1 cubito de caldo de carne
200g de almendras picadas
Sal y pimienta
Aceite de oliva

Cortar y salpimentar el lomo en rodajas finas y sofreír con el aceite de oliva. A continuación se le pone las almendras picadas, la nata líquida y el cubito de caldo de carne desmenuzado por encima. Se pone todo en una cacerola y se deja cocer unos 30 o 40 minutos y se deja reposar. Se sirve con patatas fritas.

Mari Ángeles Gutiérrez

Pork with Almonds

500g pork loin
200ml single cream
1 stock cube
200g chopped almonds
Salt & pepper
Olive oil

Cut the pork into thin slices, add a little salt & pepper then fry in the olive oil. Mix the chopped almonds, cream and crumbled stock cube together. Put everything in a large saucepan and cook for about 30-40 minutes then allow to stand. Serve with chips.

Cochinillo Asado

1 cochinillo lechal
2 hojas de laurel
100g de mantecada de cerdo
3l de vino blanco
Pimienta y sal

Se lava y se limpia el cochinillo. Se coloca en una bandeja del horno untado con la manteca de cerdo y salpimentado con 2 hojas de laurel. Se mete al horno precalentado 10 minutos a 250°C y se añade el vino blanco. Se deja cocer durante 2-3 horas en ese tiempo cada media hora se le irá regando con vino blanco y si vemos se le falta iremos añadiendo más, hasta se este dorado y crujiente.

Mari Ángeles Gutiérrez

Roast Suckling Pig

1 suckling pig
2 bay leaves
100g lard
3l white wine
Salt & pepper

Preheat the oven to 250°C. Wash and clean the suckling pig. Grease an oven tray with the lard and add some salt and pepper. Put the pig on the tray with the 2 bay leaves. Put the tray in the oven and pour in the wine. Cook the pig for 2-3 hours at this temperature, every half hour basting the pig with the wine, and if needed add more. Continue until the pig is browned and crispy.

Suckling pig is often served at special occasions and fiestas.

Solomillo de Cerdo Relleno

600g de solomillo
200g de queso manchego semi-curado
150g de dátiles
150g de beicon
Pimienta y sal
2 cebollas
20ml de vino Pedro Ximenez
300ml de caldo de verduras
1 cucharada de maicena

Se abre el solomillo y lo salpimentamos. Vamos poniendo el beicon, después el queso en láminas y por último los dátiles. Lo liamos y atamos o cosemos, o con una red. Lo pasamos por harina y sellamos al fuego. Con el aceite que sobre freímos la cebolla, una vez frita agregamos el vino, lo reducimos un poco y agregamos el caldo, lo dejamos cocer unos 20 minutos. Sacamos la carne, trituramos todos los ingredientes del caldo. Agregamos un poco de maicena y a cocer unos 10 minutos. Cortamos la carne y servimos acompañada de la salsa.

Rosalía Solano

Stuffed Pork Loin

600g pork loin
200g Manchego cheese (or cheddar)
150g dates
150g bacon
Salt & pepper
2 onions
20ml Pedro Ximenez sherry (or sweet sherry)
300ml vegetable stock
1 tbsp cornflour

Cut open the pork loin to create a long piece of meat (ask your butcher to do this) and sprinkle a little salt and pepper onto the flesh. Add slices of bacon to the inner surface, followed by slices of cheese and finally the dates. Roll up the loin and secure with skewers or sew together.

Coat in a little flour and fry till all sides are browned and sealed. Add the finely chopped onion, fry till softened, add the sherry and reduce a little. Add the vegetable stock and cook through for about 20 minutes. Remove the meat and blend the remaining liquid with a hand held blender. Add the cornflour and cook for a further 10 minutes. Cut the pork into slices and serve with the sauce.

Solomillo de Cerdo

600g de solomillo de cerdo
½ vaso de aceite
½ vaso de vinagre
½ vaso de azúcar
Sal y pimienta

Se corta el solomillo en medallones y se salpimentar. Se pone a calentar en la sartén medio vaso de aceite y se fríen los medallones. Cuando estén fritos se sacan y en ese mismo aceite se añade el vinagre y el azúcar. Se remueve hasta que esté hecha una salsa y cambie de color. Después se vuelve a añadir los medallones y se deja un poco, se las da unas vueltas que tomen el sabor de esa salsa y listo para consumir.

Si se quiere puede ir acompañado con unas patatas fritas.

Esta receta me la dio una compañera de trabajo, es muy sencilla y rápida, ademas de que esta muy buena. Esta es una buena opción para las mujeres como vosotras que tenemos poco tiempo para dedicar en la cocina, la mujer trabajadora.

Paqui Sánchez Garnés

Pork Loin

600g pork loin
½ glass olive oil
½ glass vinegar
½ glass sugar
Salt & pepper

Cut the pork loin into medallions and salt & pepper them. Heat the olive oil in a large frying pan and brown the medallions on all sides. Remove the pork and in the same oil add the vinegar and sugar. Mix and heat until the sauce changes colour. Put the meat back into the sauce and cook for a while longer, turning them so they are covered in the sauce, until they are cooked through.

Serve with chips.

This recipe was given to Paquita by a working friend, and it's very easy and quick to make and tastes great. This is a great option for working women who have little time to dedicate to cooking.

Solomillo de Carne a la Pimienta

8 filetes de solomillo de ternera o cerdo
Sal
50g de pimienta negra o verde
1 chorrito de coñac o brandy
1 pastilla de caldo de carne
200ml nata líquida
25g de mantequilla
Aceite de oliva

Se sofríen la carne salpimentada con aceite de oliva y se reserva. Para la salsa: ponemos la nata con la mantequilla y cocemos un poco. Se le añade el caldo de carne y el brandy y la pimienta verde o negra según guste. Se deja cocer unos 20 minutos hasta que reduzca y su consistencia sea espesa. Se sirve la carne con la salsa por encima.

Mari Ángeles Gutiérrez

Veal Steak with Pepper Sauce

8 veal or pork fillets
Salt
50g of green or black peppercorns
1 measure of brandy or cognac
1 meat stock cube
200ml single cream
25g butter
Olive oil

Salt & pepper the steaks and then fry in the olive oil, set aside in a warm oven. For the sauce: heat the cream and butter, add the stock cube, brandy and the peppercorns (add more if you like a stronger flavour). Cook through for 20 minutes until the sauce has reduced and is thicker. Serve the steaks with the sauce poured on top.

Solomillo al Horno

1kg de solomillo de vaca
50g de mantequilla
2 cebollas pequeñas
1 vaso de caldo de carne
5 cucharadas de aceite
4 rebanados de pan de molde
Un poquito de pimienta negra y sal

Se dora el solomillo en una sartén con aceite dejando bien dorado por los dos lados. En una fuente del horno se echa la carne, sal y pimienta y se le echa la cebolla. Por encima de la carne la mantequilla y el caldo. Se hornea a fuego bajo durante 1 hora. Se fríe las rebanadas de pan de molde y se la echa la carne por encima.

Carmen Cervera

Beef Tenderloin in the Oven

1kg beef tenderloin
50g butter
2 small onions
1 glass of beef stock
5 tbsp olive oil
4 slices of bread
Salt & pepper

Brown the tenderloin in a frying pan with the olive oil, making sure all sides are well browned. Put the tenderloin on an oven tray and season with salt & pepper and the chopped onion. Put the butter on top and add the stock. Cook on a low heat (160°C) for about 1 hour. Fry the bread and put the tenderloin on top to serve.

Estofado de Carne

1kg de carne (puede ser ternera, cerdo, pollo)
4 patatas
250g de cebolla
4 ajos
500ml de vino tinto
250ml de agua
4 cucharadas de vinagre
Aceite de oliva
Laurel
Sal y pimienta
2 cucharadas de chocolate en polvo

Ponemos aceite a calentar y sofreímos la carne salpimentada y cortada a taquitos. A continuación pelamos la cebolla y las patatas cortadas y también se sofríen con el aceite y la carne junto con los ajos y el laurel.

Después añadiremos el vino tinto y el agua y dejaremos cocer 1 hora o hora y media hasta que la carne esté tierna.

Al final de la cocción se puede sacar un poco de caldo y disolver en él un par de cucharadas de chocolate en polvo y se deja cocer unos 15 minutos más.

El plato quedará delicioso y el caldo se espesara con una consistencia más densa.

Rosalía Solano

Meat Stew

1kg of meat (veal, pork, chicken) in cubes
4 potatoes
250g onions
4 heads of garlic
500ml red wine
250ml water
4 tbsp vinegar
Olive oil
2 bay leaves
Salt & pepper
2 tbsp powdered chocolate

Heat the olive oil in a heavy based saucepan, salt & pepper the meat cubes and fry until browned. Peel and chop the onions and potatoes and fry with the meat, add the peeled garlic and bay leaves. Then add the wine and water and cook for about 1 to 1.5 hours until the meat is cooked through and soft. Finally remove a little of the cooking liquid and dissolve the chocolate in it, then add it back to the stew. Cook for a further 15 minutes.

This is a delicious stew, with a thick, dark sauce.

Guiso de Cordero

Para 6 personas:
750g de cordero tierno (paletilla o costillas)
500g de alcachofas
500g de guisantes
250g de tomates maduros
250g de patatas
2 cebollas medianas
Harina
2 huevos cocidos
1 cabeza de ajos, sal & pimienta
Pimentón dulce
Perejil y 2 hojas de laurel
100g de piñones
1 vasito de vino blanco
Aceite

Trocear el cordero, salarlo ligeramente y enharinarlo. Freírlo en aceite. Cuando dore la carne, se reserva. En el mismo aceite echar, bien cortados, ajo, cebolla, laurel, perejil, piñones y pimienta negra. Al dorar, añadir los tomates rallados. Sofríen bien y añadir el pimentón y el vino blanco. Mientras en una cacerola ponemos la carne y agua suficiente para se cueza. Cuando casi esté cocido añadiremos los guisantes y las alcachofas troceadas y las patatas a trozos pequeños. Se le añade el sofrito anterior y después picar en el mortero ajos, perejil y los huevos duros que añadiremos al guiso y guisa hasta que se termine de hacer unos 30 minutos.

Rosalía Solano

Lamb Stew

For 6 people;
750g lamb (shoulder or chops) in pieces
500g artichokes
500g peas
250g ripe tomatoes
250g potatoes
2 medium onions
Flour
2 hard boiled eggs
1 head of garlic, salt & pepper
1 tsp paprika
Parsley & 2 bay leaves
100g pine nuts
1 small glass of white wine
Olive oil

Salt the lamb pieces and coat in flour. Fry in the olive oil until browned, then remove and set aside. In the same oil fry the finely chopped onion, half the chopped garlic, bay leaves, half the chopped parsley, pine nuts and a little black pepper. When browned add the grated tomatoes. Cook through then add the paprika and wine. Meanwhile in a large saucepan put the meat and enough water to cook. When the meat is almost cooked add the peas, chopped artichokes and diced potatoes. Add the tomato mix to the meat. In a pestle & mortar grind the rest of the garlic, parsley and the boiled eggs, add to the stew and cook for another 30 minutes.

Paletilla de Cabrito a la Murciana

1 paletilla de cabrito lechal
½ cebolla
1 tomate maduro
4 cucharadas de aceite
½ vaso de vino blanco
1 vaso de agua
1 hoja de laurel
2 dientes de ajos
1 rama de perejil
Piñones
Pimienta y sal

En una fuente de horno disponemos la paletilla con sal y pimienta, las verduras, el aceite, el vino y un poco de agua. Metemos al horno durante una hora a 180°C. A continuación lo sacamos, trituramos la verdura y el jugo hasta conseguir una salsa, la pasamos por el chino y lo echamos por encima de la paletilla.

Por último, añadimos los piñones y volvemos al horno hasta terminar de dorar.

Mari Ángeles Gutiérrez

Leg of Lamb Murcian Style

1 leg of lamb
½ onion
1 ripe tomato
4 tbsp olive oil
½ glass of white wine
1 glass water
1 bay leaf
2 cloves of garlic
1 bunch parsley
50g pine nuts
Salt & pepper

Place the leg of lamb on a baking tray and add salt & pepper, the vegetables, the oil, wine and the water. Cook for an hour at 180°C. Remove the meat, and blend the vegetables and juice, then strain. Put the meat back on the tray and pour the sauce on top.

Add the pine nuts and put the tray back in the oven until the meat is thoroughly cooked and browned.

Asado de Cordero a La Murta

500g de cordero lechal
1kg de patatas nuevas
200g de manteca de cerdo
4 dientes de ajo
1 vaso de vino blanco
500ml de agua
2 copitas de coñac
100g de piñones
2 cucharadas de perejil picado
1 pastilla de caldo de carne
Pimienta y sal

En una rustidera (bandeja horno) se ponen la carne, las patatas peladas y cortadas, el ajo y el perejil cortados, después los piñones con el vino, agua y coñac, la manteca y se espolvorea con el caldo de carne desmenuzado, sal y pimienta. Meter al horno a 200°C durante una hora o una hora y media. El asado debe quedar tostado y dorado.

Mari Trini García Plaza

Roasted Lamb La Murta Style

500g lamb (leg sliced or chops)
1kg new potatoes
200g lard
4 cloves garlic
1 glass white wine
500ml water
2 measures of cognac
100g pine nuts
2 tbsp chopped parsley
1 stock cube
Salt & pepper

Place the meat on an oven tray with the peeled and chopped potatoes, garlic and parsley. Add the pine nuts, wine, water and cognac, the lard and the stock cube crumbled, and a little salt & pepper. Cook in the oven at 200°C for 1 to 1.5 hours.

When the lamb is browned and toasted it's cooked.

This is a tasty meal served at many fiestas. The meat is placed into individual aluminium foil containers and cooked in the bread ovens. At fiesta time over 100 people can be served.

Conejo al Ajillo

1 conejo
1kg de patatas
5 o 6 dientes de ajo
1 copa pequeña de vinagre
Sal
250ml de aceite de oliva

Se parte el conejo a trozos pequeños y se fríe en una sartén. Se prepara hasta que este bien tostado. Se saca de la sartén. Se echan las patatas, partidas finas a la sartén. Cuando estén fritas se sacan de la sartén, se quita el aceite y se deja un poco en la sartén.

Se echan el conejo y las patatas a la sartén. Se pican los ajos en el mortero, bien picados. Se echa el vinagre y un poco de sal. Se mezcla bien. Se fríe hasta que se consuma el vinagre.

Esta receta es típica de la Región de Murcia.

María del Loreto Rojo García

Rabbit with Garlic

1 rabbit
1kg potatoes
5-6 cloves of garlic
1 small glass of vinegar
Salt
250ml olive oil

Cut the rabbit into small pieces (ask your butcher to do this) and fry in the oil in a large frying pan, until well toasted. Remove from the pan. Add the sliced potatoes and fry, remove from the pan. Remove most of the oil from the pan, leave just a little. Put the rabbit and potatoes back in the pan. Crush the garlic in a pestle and mortar. Add the vinegar and a little salt and mix well. Add to the rabbit and potatoes and fry until the vinegar is cooked through.

This is a typical dish of the Murcia Region.

Conejo al Ajillo

Conejo Rustico

1 conejo
1 cebolla
1 tomate
2 dientes de ajo
Perejil
1 rama de canela
Piñones
Sal
250ml de aceite
1 copa de coñac
250ml de agua

El conejo se hace trozos, se fríe en la cacerola. Se pone trozos pequeños de cebolla y trocitos de tomate. Se echa los ajos y el perejil, la rama de canela y los piñones y se cubre de agua y se pone a hervir. Cuando está a medio se la echa el coñac y se hace a fuego lento hasta que se quede como una salsa. Se puede servir con patatas fritas.

María Sánchez Gironés

Rustic Rabbit

1 rabbit
1 onion
1 tomato
2 cloves garlic
Parsley
1 cinnamon stick
50g pine nuts
Salt
250ml olive oil
1 glass cognac
250ml water

Cut the rabbit into small pieces (ask your butcher to do this) and fry in a large frying pan. Add the chopped onion and chopped tomato. Add the garlic, parsley, cinnamon stick and pine nuts and cover with water and cook for about half an hour. Add the cognac and continue cooking over a low heat until the sauce has thickened. Serve with chips.

Callos - Mondongo

1kg de callos
1 bote de garbanzos
200g de patatas
1 cebolla
2 dientes de ajo
Perejil
½ cucharadita hierbabuena
200g de chorizo

Cuece los callos durante tres cuartos de una hora en agua. Se añade los garbanzos, las patatas cortada, la cebolla cortada, el ajo cortado, la hierbabuena, el perejil y el chorizo cortado y se cuece durante un cuarto de hora más.

María Dolores Sánchez

Tripe Stew

1kg tripe
1 jar chickpeas
200g potatoes
1 onion
2 cloves garlic
Parsley
½ tsp mint
200g *chorizo* or Spanish sausage

Cook the chopped tripe in a saucepan with water for about three quarters of an hour. Add the chickpeas, chopped potatoes, chopped onion, chopped garlic, mint, chopped parsley and the *chorizo* cut into slices and cook for a further 15 minutes.

Callos - Mondongo

Hígados y Asaduras al Ajo Cabañil

1kg de hígados, asaduras de cordero
1 cabeza de ajos (peladas y machadas en mortero)
50ml de vinagre de vino
100ml de agua
200ml de aceite de oliva
½ cucharada de azúcar
Sal y pimienta
1kg de patatas (peladas y cortadas a trozos de 2cm)

En una sartén se pone la mitad del aceite y se fríe las patatas a fuego lento. En otra sartén poner el resto del aceite y cuando este muy caliente incorporamos la carne. Freímos al fuego vivo, dorándolo bien. En un mortero machacaremos los ajos, agregándoles vinagre y agua, mezclándolo bien. Se vacía la mitad del majado en la sartén de las patatas y la otra mitad en la de la carne. Repartiremos el azúcar en cada sartén, sazonar la carne y las patatas con sal y pimienta dejándolo cocer 10 minutos a fuego lento y moviendo de vez en cuando.

Al final, se mezcla todo junto, patatas y carne y se sirven en una misma fuente.

Isabel López Soto

Livers & Offal in Garlic

1kg lambs liver and offal
1 head of garlic (peeled and crushed in a pestle & mortar)
50ml white wine vinegar
100ml water
200ml olive oil
½ tbsp sugar
Salt & pepper
1kg potatoes (peeled and sliced in 2cm disks)

In a frying pan add half the oil and slowly fry the potatoes. In another frying pan put the rest of the oil and when the oil is very hot add the offal. Fry on a hot flame until it is all well browned. In a pestle & mortar mash the garlic and add the wine and water and mix well. Put half of the mixture in the pan with the potatoes and the other half in the offal pan. Share the sugar between the two pans, season both pans with salt and pepper and continue cooking for a further 10 minutes, stirring from time to time.

Finally mix both pans together and serve.

Carrilleras en Salsa

1kg de carrilleras de cerdo o ternera
3 dientes de ajo
2 zanahorias
2 cebollas
2 pimientos verdes
1 tomate
1 vaso de vino tinto
1 vaso de vino blanco
3 clavos
2 hojas de laurel
Pimienta, sal y aceite
1 vaso de agua

Se sofríe la carne y se pone en una olla rápida. En el mismo aceite se sofríe las verduras cortadas en trozos pequeños y se le añade a la carne y se le ponen todos los demás ingredientes. Se pone a hervir 35 o 40 minutos. Se saca la carne, se quita el laurel y los clavos y se pasa la salsa por la batidora. Se le añade la carne con cuidado para que no se rompa y se hierve 5 minutos.

Rosario Pagán Noguera

Braising Steak in Wine Sauce

1kg of braising steak in cubes
3 cloves of garlic
2 carrots
2 onions
2 green peppers
1 tomato
1 glass red wine
1 glass white wine
3 cloves
2 bay leaves
Salt, pepper & olive oil
1 glass water

Fry off the meat and put it in a pressure cooker. In the same oil fry the vegetables which have been cut into small chunks and add to the meat. Add the remaining ingredients to the pressure cooker. Cook for 35 – 40 minutes. Remove the meat, the bay leaves and cloves and with a hand held mixer blend the liquid and vegetables to make a sauce. Carefully put the meat back into the sauce and heat through for 5 minutes.

Carrilleras en Salsa

Caldereta Extremeña

1kg de carne de cordero
5 dientes de ajo, 2 hojas de laurel
6 cucharadas de acetite de oliva
8 granos de pimienta negra, sal al gusto
1 hígado de cordero
½ taza de vino blanco, 1 pimiento morrón
1 cucharadita de pimentón picante
1 cucharadita de comino

Cortar la carne de cordero en trozos regulares sobre una tabla de madera. Lavarla, secarla ligeramente con papel absorbente y reservar. Pelar los dientes de ajo y dejarlos enteros. Freír los ajos en el aceite en una cazuela de barro y retirarlas.

En el mismo aceite freír el cordero, dorándolo por todos lados; moverlo a menudo con una cuchara de madera o una espumadera. Sazonar. Espolvorear la carne con el pimentón, dar unas vueltas y regar rápidamente con el vino. Cuando se evapore un poco añadir el agua y cocer a fuego suave. Mientras tanto, asar en una parrilla (o sartén) el hígado. Machacar los dientes de ajo en el mortero con sal, el hígado, la pimienta y los cominos, hasta conseguir una pasta. Añadir el pimiento morrón troceado y unas gotas de aceite. Incorporar este majado a la caldereta (cordero) y continuar la cocción a fuego suave, hasta que el cordero este en su punto. La salsa debe quedar espesita.

José Antonio Márquez Gudiño

Extremadura Stew

1kg lamb
5 garlic cloves, 2 bay leaves
6 tbsp olive oil
8 black peppercorns, salt
1 lamb's liver
½ glass white wine, 1 red pepper
1 tsp cayenne
1 tsp cumin

Cut the lamb into small cubes on a wooden chopping board. Wash and dry well with kitchen paper and set aside.   Peel the garlic cloves and leave whole. In a casserole pan fry the garlic and set aside.

In the same oil fry the lamb, browning on all sides, moving with a wooden spoon or spatula. Season the meat, then add the cayenne, stirring and adding the white wine. When the wine has evaporated a little add the water to cover and cook on a low heat. Meanwhile in a frying pan fry the lambs liver. Crush the garlic, fried liver, peppercorns and cumin in a pestle and mortar to make a paste. Add the red pepper chopped into small pieces and a little olive oil. Incorporate this mixture into the lamb and continue cooking on a low heat, until the lamb is well cooked. The sauce should be thick.

This recipe is from the region of Extremadura.

Aves

Poultry Dishes

Pollo en Pepitoria

1 pollo
1 huevo duro
1 rebanada de pan
Un poco de perejil
12 almendras
2 vasos de vino blanco
2 vasos de agua
Un poco de sal
250ml de aceite
150g de harina

Se hace trozos de pollo, se reboza en harina y se va friendo. Se echa en una cacerola y se echa el agua y el vino, y se pone a hervir. En el mismo aceite de freír la carne se fríen las almendras y los trocitos de pan y el hígado del pollo y el perejil. Se pica en el mortero y se echa la yema cocido del huevo y se pica y también la clara. Se echa en la cacerola del pollo y se va friendo poco a poco. Cuando esté espeso se sirve con patatas fritas.

María Sánchez Gironés

Chicken Fricassee

1 chicken, cut into pieces
1 hard boiled egg
1 slice of bread
A little parsley
12 almonds
2 glasses of white wine
2 glasses of water
Pinch of salt
250ml olive oil
150g flour

Coat the chicken pieces in flour and then fry in the olive oil. Place in a large saucepan with the water and wine and start to boil. In the same oil that you fried the meat fry the almonds, the bread cut into pieces, the liver of the chicken and the parsley. Remove from the heat and crush in a pestle and mortar. Add the chopped hard boiled egg and crush. Add the mixture to the chicken and continue cooking until the sauce is thickened and the chicken is cooked through. Serve with chips.

Pollo en Pepitoria

Pechugas Rellenas

12 filetes de pechuga de pollo
12 lonchas de queso
12 lonchas de jamón Serrano
300g de champiñones y setas
2 cebollas
250ml nata líquida
200ml vino blanco
4 dientes de ajo
Perejil
Harina

Se enrollan las pechugas con el jamón y el queso y se les pone un palillo para que no se abran. Se rebozan en harina y se sofríen.

Para la salsa: se sofríe la cebolla, el ajo, el perejil, los champiñones y las setas. Se le añade la nata y el vino blanco y se pasa todo por la batidora. En una olla se ponen las pechugas y la salsa y se le añade un poco de agua y se deja cocer a fuego lento.

Isabel López Soto

Stuffed Chicken Breasts

12 slices of raw chicken breast fillets
12 cheese slices
12 Serrano ham slices
300g of mushrooms
2 onions
250ml single cream
200ml white wine
4 garlic cloves
Parsley
Flour to coat

Place a slice of ham and cheese on each slice of chicken breast and roll up. Secure with a toothpick to stop them from unrolling. Coat in flour and fry till browned lightly.

For the sauce: fry the chopped onion, garlic, parsley and chopped mushrooms until softened. Add the cream and wine and heat through. Blend with a hand held blender. Add the chicken and a little water (if the sauce is too thick) and cook on a low heat until the chicken is cooked through.

You can usually get 4-5 fillets from half a chicken breast.

Pechugas Rellenas

Pollo a la Cerveza

1 pollo
1l de cerveza
1 cabeza de ajo
Orégano
Sal

Trocear el pollo. Poner a cocer a fuego lento, aproximadamente 1 hora el pollo con la cerveza, la cabeza de ajo cortado a laminas y orégano al gusto. Servir caliente acompañada de guarnición de patatas fritas o verduras.

Mari Trini García Plaza

Chicken in Beer

1 chicken cut into pieces
1l beer (lager)
1 head of garlic
Oregano
Salt

In a large pan put the chicken, beer, garlic cut into thin slices and the oregano (as much as you like) and cook on a low heat for about 1 hour. Serve hot with vegetables and chips.

Pollo a la Huertana

½ pollo troceado
Vino blanco
Agua
2 patatas
150g judías verdes
2-3 zanahorias
Guisantes
Sal
Pimentón
Aceite
3-4 cucharadas de tomate frito

Poner el aceite en la cazuela, fríen el pollo a fuego lento, echar el pimentón, agregar el vaso de agua.

Mientras se fríe el pollo, trocear las judías verdes, las zanahorias y las patatas (a daditos) y los guisantes (pueden ser naturales pelados o congelados). Añadir todo a la cazuela, el tomate frito, la sal y el vaso de vino blanco.

Cuando empieza a hervir dejarlo 1 hora a fuego lento, remover de vez en cuando y provecho!

Dori Parredes

Market Garden Chicken

½ chicken cut into pieces
1 glass white wine
1 glass water
2 potatoes
150g green beans
2-3 carrots
150g peas (frozen)
1 tsp salt
1 tsp paprika
Olive oil
3-4 tbsp tomato *frito* (see recipe in Miscellaneous)

Put the oil in a large saucepan and fry the chicken slowly until browned, add the paprika and the glass of water. Whilst the chicken is frying cut the green beans, carrots and potatoes into chunks. Add the chopped vegetables and the peas to the pan, with the tomato *frito*, salt and a glass of wine. When it starts to boil lower the heat and cook slowly for about 1 hour, or until the chicken is cooked through.

Pollo al Limón con Hierbas Aromáticas

1 pollo
Tomillo, orégano y romero
2 hojas de laurel
1 cabeza de ajo
1 manojo de perejil
1 limón en zumo
Aceite de oliva
Coñac o brandy
1 vaso de vino blanco
Pimienta y sal
1 pastilla de caldo de pollo

Con el pollo limpio de piel sacamos las pechugas, los muslos y las alas. Lo pondremos en una bandeja de horno y le añadiremos las hierbas aromáticas (tomillo, romero, orégano y laurel). Picaremos los ajos pelados con el perejil y la pastilla de caldo.

Salpimentamos y a continuación le pondremos al aceite, coñac o brandy y el vino blanco con el zumo de limón. Lo introducimos todo al horno, previamente calentado y tapado con papel de aluminio, a 180°C durante media hora. Después se destapa y se deja otra media hora. Se sirve acompañado de ensalada o patatas cocidas al horno.

Mari Ángeles Gutiérrez

Chicken with Lemon and Aromatic Herbs

1 chicken
1 tsp each of thyme, oregano & rosemary
2 bay leaves
1 head of garlic
Handful of parsley
Juice of 1 lemon
Olive oil
1 glass cognac or brandy
1 glass of white wine
Salt & pepper
1 cube of chicken stock

Preheat the oven to 180°C. Clean the chicken and cut into breasts, thighs and wings. Place on a large oven tray and add the herbs (thyme, oregano, rosemary and bay leaves). Peel the garlic and crush with the parsley and chicken stock cube and add to the chicken.

Add a little salt & pepper, some olive oil, the cognac or brandy, the white wine and lemon juice.

Cover with aluminium foil and cook in the hot oven for 30 minutes. Remove the foil and cook for a further 30 minutes. Serve with a salad or roast potatoes.

Perdices en Escabeche

4 perdices o codornices grandes (o 1 por persona)
1 vaso de agua
1 vasito de vino blanco
½ vasito de vinagre de vino
2 hojas de laurel
Tomillo y perejil
1 cabeza de ajo
4 zanahorias
1 rama de apio
1 cebolla grande
Pimienta en grano
Sal
250ml de aceite de oliva

Partir las codornices en dos mitades y rehogar en el aceite. Quitar todo el aceite y ponerlas en una cacerola, añadiendo: el vino, vinagre, pimienta, sal y un vaso de agua. Poner a hervir y a los 15 minutos aproximadamente añadir la cebolla cortada muy menuda, las zanahorias a taquitos y los ajos pelados enteros. Hacer un ramo amarrando con un hilo con el laurel, apio, perejil y tomillo y echar a la cacerola. Dejar cocer a fuego lento una media hora o hasta que estén tiernas las codornices. Añadiendo agua si es preciso, pero que queden en su jugo. Cuando estén retirar el ramito de hierbas de la cacerola.

Isabel Fernández Conesa

Marinaded Partridges or Quails

2 large partridges or quails (or 1 per person if small)
1 glass water
1 glass white wine
½ glass white wine vinegar
2 bay leaves
Thyme & parsley
1 head of garlic
4 carrots, peeled & sliced thinly
1 stick celery
1 large onion
1 tsp black pepper corns
Salt
250ml olive oil

Cut the partridges in half and brown in the olive oil. Remove the oil and then add: wine, vinegar, pepper, salt and the water. Cook for about 15 minutes, then add the finely chopped onion, chopped carrots and the whole peeled cloves of garlic. Make a '*ramito*' by tying the bay leaves, celery, parsley and thyme together with some cooking string. Add to the pot. Cook slowly for another half an hour until the partridges are cooked through. Add water if needed. When cooked remove the '*ramito*' and serve.

Perdices en Escabeche

Dulces y Postres

Puddings, Desserts, Biscuits & Cakes

Cordiales (dulce típico de Navideño)

1kg de almendras
6 huevos
500g de azúcar
500g de cabello de ángel
Raspadura de 2 limones
1 cucharadita de canela
Papel de oblea

Se escalda las almendras y se pela. Se muele en la picadora, se pone en un cuenco y se añade el azúcar, los huevos, la raspadura de limón, la canela y el cabello. Se amasa todo bien. En una placa de horno se pone papel de oblea y se hacen bolitas del tamaño de una nuez y se van poniendo en la bandeja dejando espacio entre ellas para que no se peguen. Se ponen en el horno 170°C durante 45 o 50 minutos hasta que estén dorados.

Antonia Pagán Noguera

Cordiales – typical Christmas cakes

1kg almonds (ground)
6 eggs
500g sugar
500g pumpkin jam
Zest of 2 lemons
1 tsp cinnamon
Rice paper

Put the ground almonds, sugar, eggs, lemon zest, cinnamon and pumpkin jam in a bowl and mix well. On a baking sheet place the rice paper and add small balls, about the size of a walnut, of the mixture, making sure to separate them so they don't stick together. Cook in the oven at 170°C for 45-50 minutes, or until they are lightly browned.

If you can't find pumpkin jam then marmalade or apricot jam will work too.

Cordiales

Nuegos - dulce típico de La Murta

3 huevos

Cascarón de 1 huevo de leche y otro de aceite

Ralladura de limón

3 cucharadas de azúcar

½ sobre de levadura Royal

250g de harina

Almíbar:

1,5 l de agua

400g de azúcar

1 cucharada de miel

1 corteza de limón

1 palo de canela

Se baten los huevos, se le añaden la leche, el aceite, la ralladura, el azúcar, la levadura y por último la harina. Se amasa todo hasta que quede una masa blanda.

En una sartén honda se pone abundante aceite a calentar. Con ayuda una cuchara se cogen porciones de la masa y se fríen en el aceite hasta que estén dorados. Se ponen en un recipiente.

Para hacer el almíbar se pone una olla el agua, el azúcar, la miel, la corteza de limón y la canela y se hierve hasta que haga hebra.

Se le pone a las bolitas el almíbar por encima y se bañan.

Antonia Noguera Rojo

Nuegos – typical sweet from La Murta

3 eggs

Using an egg shell measure 1 of milk and another of oil

Zest of 1 lemon

3 tbsp of sugar

½ packet of baking powder

250g flour

Syrup:

1.5 l water

400g sugar

1 tbsp honey

Peel from 1 lemon

Cinnamon stick

Beat the eggs, add the milk, oil, lemon zest, sugar, baking powder and finally the flour. Mix well into a soft dough.

In a deep pan add lots of olive oil and heat. With the help of a spoon, make small balls of dough and fry in the hot oil until lightly browned. Place in a container.

To make the syrup put the water in a large saucepan with the sugar, honey, lemon peel and the cinnamon stick and heat until the syrup is thick and makes strings when the spoon is lifted.

Pour the syrup over the balls and allow to soak.

Nuegos

Flores Seca

12 huevos
250g de harina
½ vaso de cuarto de anís dulce
1 cucharada de café de vainilla azucarada
½ vaso de cuarto de leche

Se mezcla bien todos los ingredientes.

Se echa aceite en una sartén para que cubra la flor del molde.

Cuando esté caliente se coge la masa que ya hemos hecho y se mete en el aceite con el molde.

Después de dos segundos en el aceite hirviendo se coge para arriba y para abajo para que suelte la masa.

A continuación se moja en azúcar y canela y se colocar en un recipiente para servirlos.

Se comían en ocasiones especiales cuando ocurría algún acontecimiento importante como bodas o bautizos.

Consuelo Sánchez Hernández

Flowers

12 eggs
250g flour
½ glass of sweet anis or Pernod
1 tbsp sweetened vanilla coffee
½ glass of milk

Mix all the ingredients together well to form a wet batter.

Heat up plenty of olive oil in a heavy bottomed pan. When it's hot dip the mold in the oil, then into the batter to coat and then straight into the hot oil. After a couple of seconds the flower is cooked and comes free from the mold. Remove the flower and dip in a mix of sugar and cinnamon. Place on a plate ready to serve.

The flower mold is typical of this region and is found in all hardware stores and many supermarkets.

In La Murta we eat these Flores on special occasions and events, like weddings and christenings.

Flores Seca

Papajarotes

250ml de leche
150g de azúcar
200g de harina
500ml aceite para freír
Hojas de limonero
Azúcar para mojar
Canela

Se bate bien la leche, el azúcar y la harina en un bol, y se añade más leche si hace falta. Va mojando las hojas en la masa. Se fríe un poco en el aceite caliente y se mojan en el azúcar y canela.

María Sánchez Gironés

Lemon Leaves in Batter

250ml milk
150g sugar
200g flour
500ml olive oil for frying
Lemon tree leaves
Sugar for dipping
1 tsp cinnamon

Beat the milk, sugar and flour well to make a batter, the consistency of single cream. Add a little more milk if needed. Get the oil hot in a large pan. Dip a lemon leaf into the batter, then drop into the hot oil. Fry for a minute, until lightly browned, then remove and dip in sugar mixed with cinnamon.

Eat the fried pastry off the leaf, but don't eat the leaf!

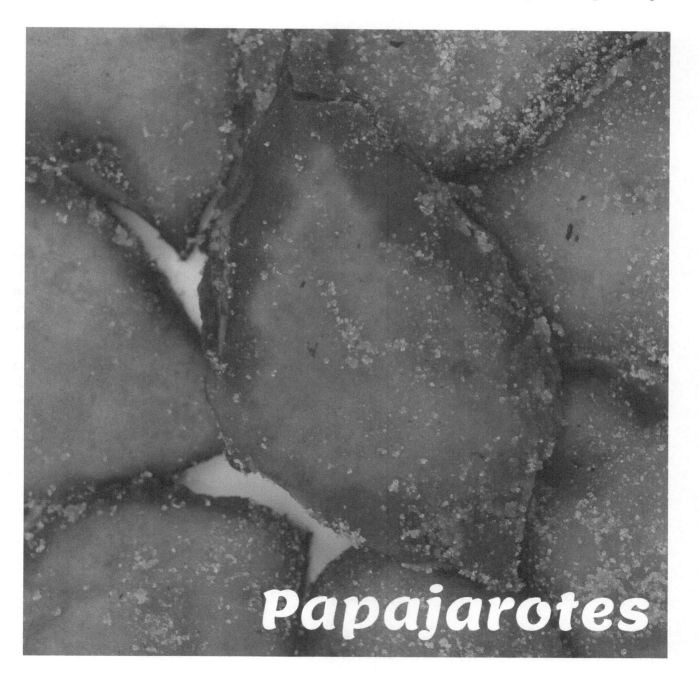

Papajarotes

Tortas de Pascua

2,5kg de harina
2kg de azúcar
250ml de anís seco
50g matalahúva en grano
1l de aceite
250g de piñones
1kg de almendras partidas
250ml de zumo de naranja
100g de levadura
1 huevo
Miel

Se hace la creciente al mediodía antes con un poco de harina, la levadura y un poco de agua. Por la noche se amasa todos los ingredientes y se deja la noche en un bol. El día después se hiñen y se hace las tortas. Se echa por encima huevo batido, un poco de azúcar y almendra molidas. Cuando se mete al horno se pone un poco de miel encima. Se cuece a 200°C durante media hora.

María Sánchez Gironés

Easter Cakes

2.5k flour
2k sugar
250ml dry anis (Pernod)
50g anis seeds
1l olive oil
250g pine nuts
1kg flaked almonds
250ml orange juice
100g yeast
1 egg
Honey

The day before cooking, around midday, make the mother dough by adding a little flour, the yeast and some warm water and mixing well. Leave covered in a warm place. That evening add the rest of the ingredients, reserving some almonds and sugar for decoration. Leave the dough overnight in a warm place to rise.

The next day knead the dough, then make the cakes to around 10cm discs and place on a baking sheet. Sprinkle sugar and some flaked almonds on top, and just before baking pour over a teaspoon of honey on each cake. Cook in a hot oven at 200°C for half an hour, or until they are lightly browned and firm to the touch.

Tortas de Pascua

Torrijas Murteñas

Un molde de pan
Leche
Azúcar
Aceite para freír
Almíbar:
4l agua
200g azúcar
100g azúcar glas
Canela molida

Se cortan en rebanados gruesas de dos centímetros y se mojan en leche azucarada. Se escurren y se fríen en abundante aceite bien caliente para que se queden doradas y no se quemen demasiado.

Ya fritas y escurridas se bañan en un almíbar hecho con cuatro litros de agua y doscientos gramos de azúcar. Se deja hervir seis minutos y se introducen las torrijas, una a una para que empapen bien el almíbar. Se escurren y se poner en una fuente espolvareándolas con azúcar glas y un poco de canela molida.

Maruja Castillejo

La Murta Torrijas

1 loaf of unsliced bread
Milk
Sugar
Oil to fry
Syrup:
4l water
200g sugar
100g icing sugar
Ground cinnamon

Cut the bread into fat slices of about 2cm and dip them in the milk mixed with sugar (the quantities of milk and sugar depend upon how much bread you have and how dry it is). Drain and then fry in abundant hot oil, until they are browned but not burnt.

When all the slices are fried dip into a syrup made from 4 litres of water boiled with 200g sugar. Boil the syrup for 6 minutes, then add the *torrijas*, one by one to soak in the syrup. Drain a little and place on a plate covered with icing sugar sprinkled with cinnamon.

Pan de Calatrava

1l de leche
250g de magdalenas gordas
1 chorro de coñac
8 huevos
400g de azúcar
Canela

Se bate los huevos bien. Se echa el azúcar y se mueve bien con la batidora. Después se echa una pizca de canela y el coñac. Se mueve bien y se echa la leche. En el molde se echa un poco de azúcar y se hace caramelo y se deja enfriar. Entonces se pone las magdalenas desmenuzadas. Se añade la mezcla y se pone al horno al 200°C durante media hora.

María Sánchez Gironés

Bread Pudding

1l milk
250g Madeleine cakes or fairy cakes
1 measure brandy or cognac
8 eggs
400g sugar
Cinnamon

Beat the eggs with an electric mixer until they are light and fluffy. Add the sugar and continue beating. Add a pinch of cinnamon and the brandy. Add the milk and continue beating until all combined. In a 24cm cake tin put a little sugar (2-tablespoons) on the bottom and heat on the stove until you have a caramel sauce. Allow to cool. Break the fairy cakes and make a layer on top of the caramel. Pour the cake mixture over and cook for about 30 minutes in a hot oven at 200°C.

Pan de Calatrava

Galletas de Coco

250g de Tulipán
100g de azúcar y 4 cucharas más
Galletas María
2 cucharadas soperas de chocolate
2 cucharadas soperas de coco
Más coco para rebozar
1 vaso de leche
2 cucharadas de vino viejo o Mistela
Un poco de canela

Se echa el Tulipán en un bol y se bate, se le añade el azúcar y se mezclan hasta que se quede hecha una crema. Se añade el chocolate y se mezcla, y por último se añade el coco.

A continuación ponemos una cucharilla de la masa en la galleta y se tapa con otra galleta encima, hasta completar las galletas o masa.

En un bol añadimos el vaso de leche, el vino viejo, un poco de canela y 2 cucharillas de azúcar.

Finalmente se mojan las galletas en el bol y las rebozamos en un plato con un poco de coco, azúcar y canela. Las vamos colocando en una bandeja.

Antonia Rojo Garnés

Coconut Biscuits

250g butter or margarine
100g sugar + 4 tbsps
2 packets Rich Tea biscuits (or similar)
2 tbsp powdered chocolate
2 tbsp dessicated coconut
More coconut for dipping
1 glass of milk
2 tbsp of sweet wine or sherry
A pinch of cinnamon

Beat the margarine in a bowl until light and fluffy, add the sugar and incorporate well into a smooth cream. Add the chocolate and coconut and mix well. Spread a spoonful of the mixture onto a biscuit, top with another biscuit. Continue until either the mixture or the biscuits are finished.

In a bowl mix the milk, sweet wine, cinnamon and 2 tablespoons of sugar. Place some coconut, sugar and a pinch of cinnamon on a plate.

Finally, dip each biscuit into the liquid and coat in a little coconut mix.

Put all the biscuits on a serving plate.

Galletas de Coco

Rollos – Donuts

2kg de harina
6 yemas de huevos, 12 cucharadas de azúcar
12 cucharadas de aceite Bonsol o flora
2 Danones naturales azucarados
3 vasos de leche, 2 cucharadas de mantequilla
175g de levadura de pan

Se echan las yemas en una barreno, se baten bien, se añaden los Danones. Se siguen batiendo, se añaden las 12 cucharadas de aceite y 12 cucharadas de azúcar. Un vaso de leche lo ponen en un cazo con las 2 cucharadas de mantequilla al fuego mínimo para que se derrita sin que hierva. A los otros dos vasos de leche se le echa la levadura para disolverla bien.

Cuando esté bien disuelta la juntas con la leche en el cazo y se echan al barreño con las yemas batidas.

Seguidamente bates un poco más y empiezas a echar harina poco a poco (sobra un poco de los 2 kilos).

Cuando la termines la dejas en el barreno, la tapas y la pones al sol. Cuando pasa a una hora más o menos veras que la masa ha subido, entonces haces los rollos.

Tienes que echarte harina en las manos porque la masa está blanda para poder hacerlo. Poner un poco de harina en las bandejas para que no se te peguen. Estarán pequeños porque la masa parece que encoje. Se dejan un rato y luego se fríen y se mojan en azúcar.

Antonia Rojo Garnés

Doughnuts

2kg plain flour
6 egg yolks, 12 tbsp sugar
12 tbsp margarine
2 natural, sugared, yoghurts (Danone)
3 glasses of milk, 2 tbsp of margarine
175g of bread yeast

Beat the egg yolks well in a large bowl then add the natural yoghurt. Continue beating and add the 12 tablespoons of margarine and 12 tablespoons of sugar. Put a glass of milk in a saucepan and add 2 tablespoons of margarine, warm until melted, do not boil. Add the yeast to the other 2 glasses of milk, mix well until dissolved.

When the yeast is dissolved add to the warm milk, mix and then add to the beaten egg yolks. Beat a little more, then add, a little at a time, the flour (keep a little of the flour for dusting).

When all the flour is added, leave the mixture in the bowl cover with a cloth and leave in the sunshine (or put in a warm place). After around 1 hour the dough will have risen and you can shape the doughnuts.

Make sure your hands are well floured when shaping as the dough is very soft. Also put flour on the trays where you will place the doughnuts. Make them a little smaller than you want as the dough will rise again. Leave the doughnuts for a while and then fry in lots of oil in batches. When browned remove and dip in sugar.

Rollos — Donuts

Rollos Fritos

6 cucharadas de aceite
6 cucharadas de azúcar
6 cucharadas de leche
Ralladura de limón
Canela
1 huevo
1 sobre de Royal
Harina la que admita

Se mezclan todos los ingredientes y se hacen los rollos. Se van friendo en abundante aceite. Cuando están fritos se rebozan en azúcar.

Isabel López Soto

Fried Rolls

6 tbsp olive oil
6 tbsp of sugar
6 tbsp milk
1 lemon rind
Pinch of cinnamon
1 egg
15g baking powder
Flour

Mix all the ingredients together, adding enough flour to make a light dough and form into small donuts about the size of a biscuit. Heat up a large pan of oil and when hot fry the rolls until lightly browned. Roll them on a plate of sugar to coat.

Rollos Fritos

Mantecadas de la Sierra

850g de harina
1 tasa de manteca de cerdo derretida
5g sal
50ml Jerez
250g azúcar glas

Se mezclan la manteca, el jerez y la sal, y se va añadiendo la harina poco a poco hasta hacer una masa suelta con las manos. Se hacen unas bolas que se aplastan y se van poniendo en una placa engrasada y espolvoreada de harina. Se cuecen a horno bien caliente durante un cuarto de hora y al sacarlas del horno se envuelven en abundante azúcar glas.

Maruja Castillejo

Mantecados de Vino

1kg de manteca
500ml de vino blanco
2kg de harina
100g de azúcar

Se amasa todo. Se hacen con moldes.

Se meten al horno y cuando están se rebozan en azúcar glas.

Maricarmen Sánchez Garnés

Mountain Shortbread

850g plain flour
1 cup of melted lard
5g salt
50ml Jerez sherry
250g icing sugar

Mix the melted lard, sherry and salt, then add the flour a little at a time to make a smooth dough, use your hands. Make small balls, about 10cm and then squash them, place on a greased, floured baking sheet. Cook in a hot oven (180°C) for 15 minutes, remove from the oven and cover in plenty of icing sugar.

Butter & Wine Biscuits

1kg butter or shortening
500ml white wine
2kg flour
100g sugar

Mix everything together well. Roll and cut into small biscuit shapes with whatever cookie cutters you have.

Cook in a hot oven (180°C) for about 20 minutes or until lightly browned. Remove and dip in icing sugar to coat.

You will make about 3kg of biscuits with this recipe. Store them in a sealed tin, or eat them straight away!

Mantecados de Vino

Rollos de Naranja

3 naranjas (el zumo)
1 huevo
250ml de aceite requemado y 'frío'
200g de azúcar
Raspadura de 1 naranja y de 1 limón
1 cucharada de postre de bicarbonato
750g de harina

Se echan los ingredientes y por último la harina. Se van cogiendo bolas y al horno 170°C durante 20-25 minutos.

Antonia Guillén

Orange Biscuits

3 oranges, juiced
1 egg
250ml oil, heated, then cooled
200g sugar
Zest of 1 lemon and 1 orange
1 tbsp of bicarbonate of soda
750g plain flour

Mix all the ingredients together, adding the flour last. Make into small balls about 10cm, flatten and cook in the oven at 170°C for about 20-25 minutes.

Rollos de Anís

750ml de zumo de naranja
500ml de aceite
250ml de anís seco
800g de azúcar
1,5kg de harina

Se amasa todo. Se hacen los rollos. Se pintan de huevo y se le echa azúcar por encima. Después se meten al horno y dejamos cocer 15 minutos, más o menos.

Maricarmen Sánchez Garnés

Pernod Biscuits

750ml orange juice
500ml olive oil
250ml Pernod
800g sugar
1.5kg flour

Mix all the ingredients together well. Make the dough into small doughnut shapes. Paint a beaten egg on top and sprinkle a little sugar on. Cook in a hot over (180°C) for about 15 minutes or until golden.

This recipe makes a lot of biscuits, make sure you have plenty of friends to share them with, or halve the ingredients.

Natillas

1l de leche
4 huevos
200g de azúcar
1 trocito de canela en rama
1 trozo de cascara de limón
1 cucharadita de maicena
Bizcochos de soletilla o galletas

Mezclar los huevos, el azúcar y la maicena batiendo muy bien para que quede muy compacto.

Poner en una cacerola la leche a calentar con la rama de canela y la cascara de limón. Inmediatamente echar la mezcla y remover constantemente. Cuando vaya a empezar a hervir, apagar el fuego. Echar en los moldes y poner un trozo de bizcocho o galleta, empujando para que se hunda y se empape de natilla. Se puede espolvorear un poco de canela molina, al gusto.

Antonia Fernández Conesa

Custard

1l milk
4 eggs
200g sugar
1 cinnamon stick
1 piece of lemon rind
1 tsp corn flour
Rich tea biscuits

Mix the eggs, sugar and cornflour and beat well until light and fluffy.

Warm the milk with the cinnamon stick and lemon rind. Add the eggs mixture and stir continuously. When it begins to boil turn off the heat. Pour into small Spanish *cazuelas* or individual ramekins. Makes about 6 in total. Put a biscuit on top and dunk it under the liquid to soak in. Sprinkle a little cinnamon on top and put in the fridge. Serve very cold.

Natillas

Tarta de la Abuela

4 paquetes de galletas Rio (400g)
150g de mantequilla
250g de chocolate fondant
2 huevos
1 vaso de leche condensada
150g azúcar
2 cucharadas de vino viejo o coñac
100g de cacahuetes molidos

Se funde el chocolate con 2 cucharadas de leche en baño maría, sin dejar que hierva. Se bate la mantequilla con azúcar hasta lograr una crema espumosa. Añadir las yemas y el chocolate.

Se bate las claras al punto de nieve y se añade a la crema de chocolate, y se mezcla. Se calienta la leche y se añade el coñac. Se mojan las galletas en la leche y se forma una capa sobre una fuente. Se cubre las galletas con la crema, y se pone sucesivamente capas de galletas mojada y la crema de chocolate. Se termina con chocolate. Se polvorea con los cacahuetes molidos.

Encarnación Sánchez Garnés

Grandma's Cake

400g Rich Tea biscuits
150g butter
250g dark chocolate
2 eggs
1 glass condensed milk
150g sugar
2 tbsp sherry or cognac
100g chopped/ground peanuts

Melt the chocolate over a bain-marie with 2 tablespoons of the milk, stirring all the while. Beat the butter and sugar to make a fluffy cream, add the egg yolks and the cooled chocolate.

Beat the egg whites until they are stiff, fold in the chocolate cream, and mix well. Heat the rest of the milk and add the sherry. Dip a biscuit in the warm liquid and form a base layer of soaked biscuits on a serving tray. Spread over a thin layer of the chocolate cream. Continue with a soaked biscuit layer followed by a chocolate cream layer. Finish with a layer of chocolate cream. Sprinkle chopped nuts on top.

Flan de Café

200g queso de untar (Philadelphia o similar)
125ml de leche
1 sobre de cuajada
100g de azúcar
200ml de nata para montar
1 cucharadita esencia de vainilla
2 cucharadas de café
Caramelo líquido

Echar todos los ingredientes en un bol y batir con la batidora hasta mezclar los muy bien.

Poner la mezcla en una olla al fuego y sin dejar de remover llevar a ebullición. (Justo antes de que empiece a hervir.)

Echar en un molde caramelizado y dejar enfriar. Desmoldar para servir.

Isabel Fernández Conesa

Coffee Flan

200g cream cheese (Philadelphia)
125ml milk
1 packet of *cuajada* – curds (see Help section)
100g sugar
200ml whipping cream
1 tsp vanilla essence
2 tbsp coffee
Caramel sauce

Mix all the ingredients (except the caramel sauce) in a bowl with an electric mixer until well combined.

Pour into a pan and put over the heat. Stir and bring to the boil, but don't allow to boil over. Pour into a mold with caramel on the bottom and put in the fridge to cool. Tip out of the mold to serve.

Flan de Café

Flan de Huevo

8 huevos
1l de leche
250g de azúcar
1 palito de canela en rama
La piel de medio limón
Caramelo líquido

En una cazuela ponemos a calentar la leche con la canela y la piel del limón. Cuando hierva le echaremos el azúcar con los huevos batidos y mezclaremos muy bien fuera del fuego. En las flaneras ponemos caramelo líquido y echaremos el preparado anterior. Lo pondremos al baño maría en el horno tapadas las flaneras con papel de aluminio durante 15 minutos a 175°C.

Mari Ángeles Gutiérrez

Flan De Naranja

6 huevos
1 vaso grande de azúcar
1 vaso grande de zumo de naranja
Caramelo líquido

Se baña las paredes de un molde grande o moldes pequeños con el caramelo líquido. En un bol, se baten los huevos con el azúcar y a continuación se le añade el zumo de naranja colado.

Se mezcla todo muy bien y se vierte en el molde con caramelo. Tapamos con papel de aluminio.

Se pone al baño maría en el horno durante 25 minutos a 175°C.

Mari Ángeles Gutiérrez

Flan

8 eggs
1l milk
250g sugar
1 stick cinnamon
Skin of ½ lemon
Caramel or toffee sauce

Heat the milk in a pan with the cinnamon stick and lemon peel. When it starts to boil add the sugar and the well beaten eggs and mix well off the heat. Pour some caramel sauce into 6 individual flan tins (earthenware or metal, ramekins) and pour the egg mixture on top. Place them in a bain-marie (hot water bath) and cover with aluminium foil. Cook for 15 minutes at 175°C.

Orange Flan

6 eggs
1 large glass sugar
1 large glass orange juice
Caramel or toffee sauce

Cover the sides and bottom of a large circular flan mold (or 6 smaller ones) with the caramel liquid. Beat the eggs in a bowl with the sugar, then add the orange juice.

Mix it well then tip into the mold(s). Cover with aluminium foil and then cook in a bain-marie (water bath) for 25 minutes at 175°C.

Flan de Turrón

500ml de nata
500ml de leche
1 flan Royal de 8 raciones
1 pastilla de turrón blando

Se bate todo y se pone en un recipiente de cristal y se mete al horno a 175°C durante unos 30 a 40 minutos. Se pincha y se sale limpio yo esta cocido.

Isabel López Soto

Turrón Flan

500ml whipping cream
500ml milk
1 packet of Royal Flan mix (8 portions)
1 pack of soft *turrón*

Mix all the ingredients well and put in a glass oven proof dish. Cook in the oven at 175°C for 30-40 minutes. Push a cocktail stick or metal skewer in and if it comes out clean then it's cooked.

Turrón can be bought in many supermarkets at Christmas time. This recipe calls for a soft version. If you can't buy the *turrón* make your own from this recipe http://nativespain.com/murcia-region/turron-de-yema-tostada-spanish-christmas-egg-yolk-turron-spanish-recipe/

Leche Asada

500ml de leche
4 huevos
1 rama de canela
100g de azúcar
50g de cacao
½ corteza de limón

Hervir en un cazo la leche con la canela, azúcar y corteza de limón. Reservar. Aparte batir 4 huevos. Colar la leche y mezclarla con los huevos. Meter al horno a 150°C durante 45 minutos. Quedará cuajada como un tocino de cielo. Servir cortada a cuadritos espolvoreada con cacao con arrope.

Mari Ángeles Gutiérrez

Baked Milk

500ml milk
4 eggs
1 stick cinnamon
100g sugar
50g cocoa powder
Strip of lemon peel

Heat the milk in a pan with the cinnamon, sugar and lemon peel. Put aside. Beat the 4 eggs. Pour in the milk and beat well with the eggs. Put into a glass oven proof square bowl at 150°C for 45 minutes. It will curd like Tocino de Cielo. Cut into squares and dip in cocoa powder to serve. Serve with *arrope* – see Miscellaneous.

Tocino de Cielo

12 huevos
1 vaso de agua
400g de azúcar
Raspadura de limón
Caramelo líquido (o 100g de azúcar y un poco de agua)

Se ponen en un tazón 2 huevos enteros y 10 yemas y raspadura de limón y se bate todo con batidora.

En un cazo se pone el vaso del agua con los 400g de azúcar, se va removiendo hasta que se disuelva sin que llegue a hervir.

Se mezcla todo con mucho cuidado. Se echa en un recipiente con caramelo líquido que se puede hacer con azúcar y un poco de agua. Se pone todo al baño maría durante media hora a 180°C.

Mari Ángeles Gutiérrez

Tocino de Cielo

12 eggs
1 glass water
400g sugar
Zest of 1 lemon
Caramel sauce (100g sugar and some water)

In a large bowl add 2 whole eggs and 10 egg yolks and the lemon rind and beat well with an electric mixer.

In a saucepan put the glass of water and 400g of sugar and stir whilst heating it, don't boil.

Mix the sugar water into the eggs very carefully. Put the caramel liquid (or make your own with 100g of sugar and a little water heated slowly in a heavy pan until caramelised) into the bottom of a loaf tin. Pour the egg mixture on top and set inside a water bath (bain-marie) in a hot oven (180°C) for half an hour. Serve cold.

Arroz con Leche

1,5l de leche
250g de arroz
250g de azúcar
1 trozo de corteza de limón
1 trozo de canela en rama

Se echa en una cacerola el arroz, la canela, el limón y un poco de leche a fuego lento. Se va moviendo y echando la leche poco a poco. Cuando todo la leche esté ya consumida y esté guisado se echa el azúcar y se mueve unos 10 minutos. Se quita el fuego y se echa en recipientes pequeños o medianos y listo para servir. Está mejor frío que caliente para consumir.

María del Loreto Rojo García

Rice Pudding

1.5l milk
250g rice
250g sugar
1 piece of lemon peel
1 stick of cinnamon

Put the rice, cinnamon stick, lemon peel and a little of the milk in a saucepan over a slow heat. Stir and add milk a little at a time. When the milk is all added and mostly absorbed and thickened add the sugar and stir on a low heat for a further 10 minutes. To serve pour into small ramekins and put in the fridge – this dish is best served cold.

Bizcocho de Juan

4 huevos
1 yogur
3 gaseosas
1 vaso de aceite
4 vasos de harina
2 vasos de azúcar
Raspadura de limón

Mezcla todo sin grumos. Pone en el horno a 200°C hasta 30 minutos.

Juan Diego Navarro y Chari Bernal

Juan's Cake

4 eggs
1 yoghurt
3 packets baking powder (about 10g)
1 glass of olive oil
4 glasses flour
2 glasses sugar
Zest of 1 lemon

Mix everything together well until there are no lumps. Pour into a greased cake tin and cook at 200°C for 30 minutes.

Tarta de Queso

1 paquete de sobaos (400g)
1 paquete de queso de untar
250ml de leche
500ml de nata de montar
125g de azúcar
1 sobre de gelatina neutra Royal o 6 hojas de gelatina
Mermelada de fresa

Se deshace la gelatina con la leche y si quedan grumos se cuela y se cocina como indica el paquete. Después se añaden y se mezclan los demás ingredientes: la nata, el queso y la azúcar. Se echa en un molde untado con poco de mantequilla y se parten los sobaos por la mitad para ir colocándolos por encima. Se dejar enfriar y se pone en el frigo como mínimo 2 horas. Se desmolda y se cubre con la mermelada de fresas.

Mari Ángeles Gutiérrez

Cheese Cake

1 packet of fairy cakes or Madeleine cakes (400g)
1 packet of cream cheese (250g)
250ml milk
500ml double cream
125g sugar
1 – 2 leaves of gelatin (enough to set 750ml)
Strawberry jam

Dissolve the gelatin in the milk and make sure there are no lumps. Follow the instructions on the packet for best results. When dissolved add the cream, cheese and sugar and mix well.

Grease a cheesecake mold (spring-form). Cut the fairy cakes into slices and line the bottom of the mold. Pour the cheesecake mixture on top and chill in the fridge for at least 2 hours. Remove from the mold and spread jam on top.

Tarta de Queso

Chocolatines

1kg de almendras sin piel
500g de chocolate en polvo
½ cucharadita de canela
50ml de anís dulce
50ml de vino viejo
100ml de agua
Azúcar glas

Se pone las almendras en una bandeja de horno, y se cuece a 180°C durante 20 minutos. Se mezcla y se enfría.

Se pican las almendras y se ponen en un bol grande. Se deja de lado 3 cucharadas de chocolate. Se añade el resto de chocolate a las almendras y se mezcla.

Con las 3 cucharadas de chocolate se añade agua y se calienta en una sartén. Se añade el anís y el vino.

Se añade el líquido a las almendras y el chocolate y se mezcla muy bien.

Se hace bolas pequeñas y se reboza en azúcar glas.

Este receta es típica para Navidad.

Maravillas Fernández Ramírez

Almond Truffles

1kg peeled almonds (or ground almonds)
500g powdered chocolate
½ tsp cinnamon
50ml sweet anis (Pernod)
50ml sweet wine or sherry
100ml water
Icing sugar for rolling

If using whole almonds, place them on a baking sheet and bake at 180° for 20 minutes, then mix around a little and allow to cool. When cool grind them up to a powder.

Set aside 3 tablespoons of the powdered chocolate, then add the remaining powdered chocolate to the ground almonds and mix well.

Mix the 3 tablespoons of chocolate powder, the cinnamon and the water and warm in a small pan. Then add the anis and wine and warm through.

Add the liquid mixture to the dry mixture and give a good mix using your hands. Make into balls and roll in the icing sugar.

These are typical at Christmas time to share at the end of a meal. Though why wait till Christmas?

Chocolatines

Trufas

1 pastilla chocolate puro (Valor) 300g
1 vaso grande leche condensada entera
1 chorito de ron
Fideos de chocolate

Se funde el chocolate al baño maría y fuego lento. Después se le echa la leche condensada y se bate para que se mezcle todo bien.

Finalmente se le añade el ron y se vuelve a batir. Se deja enfriar y luego se hacen las bolitas y luego se rebozan con fideos de chocolate. Se sirven colocados en capsulitas de papel.

Isabel López Soto

Truffles

300g premium dark chocolate
1 large glass of condensed milk
1 measure of rum
Chocolate sprinkles to decorate

Melt the chocolate in a bowl over a pan of gently boiling water. Add the condensed milk and mix well.

Add the rum and mix again. Leave the mixture to cool. Make small ball shapes and dip into the chocolate sprinkles. Serve in small truffle cases.

Bolitas de Calabaza

500g de calabaza pelada
100g de coco rallado
80g de azúcar
4 cucharadas de harina de maíz fina
4 cucharadas de harina de bizcocho
4 cucharaditas de azúcar vainillado en polvo
Molde de trufas

Se pelan las calabazas y se cuecen con un poco de agua durante 1 hora. Se escurre por completo y se seca el caldo restante con papel de cocina y se tritura por el pasapurés o batidora.

Se hace la masa con la calabaza y la harina de maíz y de bizcocho y el azúcar.

Se cuece y se deja enfriar de un día para otro. Se hacen las bolitas y se rebozan en coco. Se sirven en molde de trufa.

Mari Ángeles Gutiérrez

Pumpkin Balls

500g peeled pumpkin
100g dessicated coconut
80g sugar
4 tbsp cornflour
4 tbsp self-raising flour
4 tsp vanilla sugar (or add 1 tsp vanilla essence to the sugar)
Paper truffle cases

Boil the chopped peeled pumpkin in water for about 1 hour until very soft. Drain really well, using kitchen paper to remove as much water as possible. Mash the pumpkin to a smooth paste using a hand held mixer.

Mix the pumpkin puree with the flours and vanilla and squash onto an oiled baking tray. Cook in medium oven for 20 minutes then leave to cool.

Take lumps of the cooked mixture and form into balls, roll them in the dessicated coconut and place in the truffle cases.

Bolitas de Calabaza

Yemas

12 yemas de huevo
250g de azúcar
Azúcar glas

Se baten las yemas de huevo con el 250g de azúcar y a continuación se ponen al baño maría a fuego muy suave que las yemas cuajen con el azúcar.

Se deja enfriar la masa y se hacen bolitas con la pasta pasándolas por azúcar glas.

Isabel López Soto

Egg Yolks

12 egg yolks
250g sugar
Icing sugar to coat

Beat the egg yolks well with the 250g of sugar, then continue beating over a pan of gently boiling water until the yolks cook through.

Allow to cool then mold the mixture into small balls and coat in icing sugar.

Copas de Flan con Fruta

Caramelo líquido
2 magdalenas
Melocotón
Piña
Licor 43
1 paquete de Flan Royal
Nata

Se echa en el fondo de las copas unas gotas de caramelo y encima un poco de magdalenas y encima una cucharada de melocotón y piña cortada fina. Después unas gotas de licor 43 y se termina con flan Royal. Se sirve con nata encima.

Marisol Galindo Soto

Flan Cups with Fruit

Caramel or toffee sauce
2 Fairy cakes
1 tin of peaches
1 tin of pineapple
Licor43 or Cointreau
1 packet of flan mix (Royal) or Bird's Trifle mix
Squirty cream

At the bottom of 6 sundae glasses pour a few drops of caramel sauce, break up the fairy cakes and spread evenly between the glasses. On top add some finely chopped peach and pineapple chunks and a few drops (or more!) of a liqueur of your choice. Finally add a layer of flan or trifle made up to instructions.

These are like small trifles.

Nidos de Fruta

4 rodajas de piña en su jugo
4 trozos de melocotón en almíbar
4 bolas de helado de leche merengada o de vainilla
Nata montada
Canela en polvo
Caramelo líquido

Se coloca en platos o cuencos individuales una rodaja de piña, encima en el hueco un trozo de melocotón y en su interior una bola de helado. Se espolvoreamos con canela en polvo y unas hebras de caramelo líquido por encima.

Adornamos con unos moñitos de nata montada.

Mari Ángeles Gutiérrez

Fruit Nests

4 tinned pineapple slices
4 tinned peach halves
4 balls of ice cream – vanilla
Squirty cream
Pinch of cinnamon
Caramel or toffee sauce

On a large plate or 4 individual serving plates place the slices of pineapple. On top, in the hole, place a peach half. Add a ball if ice cream into the centre of the peach half. Sprinkle cinnamon on top and a little of the caramel or toffee sauce. Add a little squirty cream.

Peras al Vino Tinto

Para 8 personas - 1 pera por persona
8 peras medianas
250g de azúcar moreno
1 botella de vino tinto (75cl)
2 palas de canela en rama

Se pelan las peras, quitando todo la piel y manteniendo el rabo. A continuación se pone todo en una cacerola no muy alta, se añade el azúcar moreno, el vino y la canela en rama. Dejamos cocer unos 30 minutos a fuego lento. Dándole la vuelta de vez en cuando. Se deja reducir el vino a la mitad. Se sirven frías acompañadas con un poco del caldo.

Mari Ángeles Gutiérrez

Pears in Red Wine

For 8 people - 1 pear per person
8 medium pears
250g brown sugar
1 bottle of red wine (75cl)
2 cinnamon sticks

Peel the pears and throw away the skin, keeping the stalk intact. Put all the whole pears in a saucepan, add the brown sugar, wine and cinnamon sticks and cook slowly for 30 minutes. Turn the pears over now and then during cooking. Cook until the sauce has reduced by half. Serve cold with a little of the sauce.

Peras al Vino Tinto

Leche Merengada

1l leche entera
4 claras de huevo
150g de azúcar
1 ramita de canela en rama
1 cucharada de agua de azahar

Se pone a hervir la leche con la canela y el azúcar. Cuando esté ya caliente y se deja enfriar. Cuando esté fría se echa agua de azahar y las claras a punto de nieve y se mezcla. Todo al congelador y se sirve en copas con canela por encima.

Carmen Cervera

Postre de Naranja

4 naranjas medio
1l de leche evaporada
1 taza de café de azúcar

Rallar la cascara de naranja con dos naranjas. Se hace zumo en un cuenco se echa la leche evaporada y se echa la raspadura de naranja y la azúcar y batir con batidora y al congelador.

Carmen Cervera

Frozen Milkshake

1l full fat milk
4 egg whites
150g sugar
1 cinnamon stick
1 tbsp rose water

Heat the milk with the cinnamon stick and sugar. When it's heated through allow to cool. Whisk the egg whites until they form stiff peaks. When cool add the rose water and the whisked egg whites and mix well. Put in the freezer. Serve frozen with a sprinkle of cinnamon on top.

Orange Ice Cream

4 medium oranges
1l of evaporated milk
1 small cup of coffee with sugar

Grate the rind from 2 of the oranges. Juice all 4 of the oranges and pour into a mixing bowl. Add the condensed milk, orange rind and sugar and beat well with a hand held mixer. Freeze and serve when frozen.

Suspiros

12 claras de huevo
1kg de azúcar
1kg de almendras partida por la mitad y tostada

Se montan las claras a punto de nieve con un batidora y se va añadiendo el azúcar poco a poco hasta ponérsela toda. Se le añaden las almendras removiendo despacio con una cuchara.

En una bandeja se pone papel de horno y con dos cucharas se ponen montoncitos de masa en la bandeja. Se ponen al horno 110°C durante 30 minutos aproximadamente, tienen que quedar blancos.

Rosario Pagán Noguera

Sighs (Almond Meringues)

12 egg whites
1kg sugar
1kg blanched almonds, lightly toasted

Beat the egg whites with an electric whisk until they form stiff peaks then continue beating and add the sugar a little at a time, until it is all incorporated. Add the almonds and mix gently with a spoon.

Put greaseproof paper on an oven tray, then with 2 spoons make little mountains of the egg mixture on the tray. Cook in the oven at 110°C for about 30 minutes, until the meringues are cooked but still white.

suspiros

Plátanos Flambeados

2 plátanos
2 cucharadas de mantequilla
2 cucharadas de azúcar
2 chorros de licor de plátano (o brandy)

Se pelan los plátanos, y se cortan en dos. En una sartén se pone mantequilla y se ponen a freír los plátanos. Cuando se estén dorando poner azúcar que se caramelicen. Poner un buen chorro de licor de plátano y calentar y ponerle fuego. Se come caliente.

Patricia Fernández Sánchez

Flambéed Bananas

2 bananas
2 tbsp butter
2 tbsp sugar
2 shots of banana liqueur (or brandy)

Peel the bananas and cut in half length ways. In a frying pan heat the butter then fry the bananas until they are browned on both sides. Add the sugar to caramelize. Pour over the liqueur and set light. Eat very hot.

Gachas con Leche

750ml de agua
500g de harina
Un poco de sal
200ml leche de cabra
Azúcar

Se echa el agua en una sartén. Se le añade la sal y pone en fuego y se le va añadiendo la harina para que no se hagan grumos. Cuando se vaya despegando de la sartén ya están hechas. Se cuece la leche de cabra, y si es de otra clase, que esté caliente y cada uno le añade la cantidad da gacha que desee. Se pone azúcar para endulzarlas, y se pueden servir con arrope, si se quiere. Este receta es muy antigua.

Encarnación Sánchez Garnés

Goat's Milk Pudding

750ml water
500g flour
Pinch of salt
200ml goat's milk
Sugar

Put the water in a pan with a pinch of salt. Bring to the boil and add the flour, stirring so you don't get lumps. When it's thickened it's cooked. In another pan heat the goat's milk and add the flour mix a little at a time to make the consistency you require. Add sugar to your own taste and serve with *Arrope* (see recipe in Miscellaneous). This is a very old recipe.

Varios

Miscellaneous

Almendras Garrapiñadas

300g de almendras con piel
150g de azúcar
55ml de agua

En una sartén se pone las almendras, el azúcar y el agua. Se pone al fuego medio, removiendo durante 10 minutos hasta que se caramelicen. Se sacan de la sartén y se extienden en la piedra de mármol y se separan unas de otras hasta que se enfríen. Guardar en recipiente de cristal cerrado.

Andrés González

Sugar Coated Almonds

300g almonds (with skins)
150g sugar
55ml water

In a heavy bottomed frying pan add the almonds, sugar and water and heat over a medium flame for 10 minutes, moving all the time, until caramelised. Remove from the pan and spread out over the clean kitchen work surface, separating the almonds, and allow them to cool.

Store in a glass jar with a lid, unless you eat them all first!

Almendras
Garrapiñadas

Carne de Membrillo

2kg de membrillo, sin pelar, quita corazones
1,5kg de azúcar

Se lava muy bien el membrillo y corta en 4 trozos. Se ponen en la olla de presión. Se echa el azúcar. Se cuece en medio fuego, cuando la válvula dé vueltas se cuece durante media hora.

Se bate con la batidora hasta que queda fino.

Esta receta es de la sección Femenina de los 60. Se conserva hasta un año en el frigo.

María Sánchez Gironés

Quince Jam

2kg of quince, don't peel, remove the cores
1.5kg sugar

Clean the quinces well, cut into 4 chunks. Put in a pressure cooker with the sugar. Cook on a medium heat until pressure is achieved, then cook for a further ½ hour. Release the pressure. When cooled mix well with an electric mixer until you get a fine jam.

This recipe is from the 1960s when Franco set up a *'Sección Femenina'* to teach the womenfolk to cook.

The jam will keep well in the fridge for up to a year. It goes really well with cheese.

Carne de Membrillo

Arrope

1 calabaza de 3kg
6 litros de agua
500g de cal de bolo (se vende en droguerías)
750g de azúcar

Poner en olla grande 6 litros de agua con la cal de bolo. Dejar hervir hasta que la cal quede en el fondo de la olla y el agua adquiera transparencia. Extraer el agua con un cacillo, cuidando que no se mueva la cal, y verter en otro recipiente sobre la calabaza limpia sin piel ni pepitas o semillas. Tener así 8 o 10 horas. En otra olla poner agua nueva con 750g de azúcar y los trozos de calabaza. Hervir al fuego durante 1 hora hasta se caramelice.

Servir en un plato el arrope con leche asada espolvoreada con el cacao, un helado de turrón y decorar con un poco de caldo oscuro del arrope.

Mari Ángeles Gutiérrez

Pumpkin Jam

1 pumpkin of about 3kg
6l water
500g of lime (chemical from the chemist)
750g sugar

In a large pan put 6 litres of water and the lime. Bring it to the boil, then remove from the heat and leave it until the liquid becomes clear. Remove the water with a ladle taking care not to stir up the lime at the bottom and pour into another pan with the chopped pumpkin (no seeds, nor skin). Leave for 8-10 hours. In another pan put some clean water with 750g of sugar and the pieces of pumpkin. Heat over a medium flame for about 1 hour or until caramelised.

Serve on a plate with Baked Milk and *turrón* ice cream, decorated with a little of the syrup.

Keep left overs in sealed jars in the fridge.

Arrope

Mermeladas de Fresa

500g de fresas
500g de azúcar

Se trituran las fresas y se mezclan con el azúcar y se ponen a cocer a fuego lento hasta se reduzcan y se quede una salsa ligera.

Mari Ángeles Gutiérrez

Mermeladas de Tomate

500g de tomates
500g de azúcar

Se pelan los tomates y se le quitan todos las pepitas posibles. Se trituran los tomates y se mezclan con el azúcar y se ponen a cocer a fuego lento hasta se reduzcan y se quede una salsa ligera.

Mari Ángeles Gutiérrez

Strawberry Jam

500g strawberries
500g sugar

Chop the strawberries and add to pan with the sugar. Cook on a low heat until they have reduced and you have a light sauce.

Store in airtight containers, or use as a topping for the cheesecake recipe.

Tomato Jam

500g tomatoes
500g sugar

Peel the tomatoes, cut and remove as many of the seeds as possible. Chop the tomatoes and add to pan with the sugar. Cook on a low heat until they have reduced and you have a light sauce.

This is great as a breakfast jam, or use as a topping for the cheesecake recipe.

Mermeladas de Fresa y Tomate

Bechamel

½ cebolla
1 cucharada de mantequilla
500ml de leche
3 cucharadas de maicena
Nuez moscada
Sal
Caldo (si falta)

Ponemos la mantequilla a calentar en una cacerola pequeña y añadimos la cebolla picada muy fina y lo freimos lentamente. Se añade la harina removiendo bien. Se le añade la leche removiendo otra vez bien, de manera constante, hasta que la salsa se espese. Probamos y sazonamos al gusto con sal y nuez moscada para que quede sabrosa. Le agregamos algunas gotas de caldo si hace falta más líquido.

Mari Trini García Plaza

Béchamel Sauce

½ onion
1 tbsp butter
500ml milk
3 tbsp cornflour
Pinch nutmeg
Salt
Stock (if you need it)

Heat the butter in a small pan and add the finely chopped onion, fry slowly until lightly cooked. Add the flour and cook through. Add the milk, stirring all the while, until the sauce thickens. Test the seasoning, and add a little salt and nutmeg. If you need a more liquid béchamel add a little stock and cook through.

Béchamel is used in many of the recipes and is quite simple to make with this recipe.

Tomate Frito

2 tomates maduros grandes
Sal
Aceite de oliva

Se pelan y cortan los tomates. Se frienlas en aceite de oliva con un poco de sal hasta 15 minutos en fuego lento. Si le gusta se añade una pizca de azúcar.

María Sánchez Gironés

Tomato Frito

2 large ripe tomatoes
Salt
Olive oil

Peel and chop the tomatoes. Fry in the olive oil with a pinch of salt, for about 15 minutes over a low heat. If you like add a pinch of sugar.

Frito is added to many of the recipes in this book. You can substitute sauces in jars from the supermarket, but for an authentic taste make your own. It's so simple.

Ajo o Alioli

1 cabeza de ajos pequeñas
250ml de aceite de oliva
1 limón escurrido
1 huevo
Sal

Se ponen los ajos pelados con el huevo en un vaso de batidora y el limón escurrido con la sal.

Se mete la batidora y sin moverla se bate todo. A continuación se le añade el aceite de oliva poco a poco y sin mover la batidora. Cuando vaya ligando la salsa se mueve la batidora hacia arriba y hacia abajo despacio hasta que la salsa esté con consistencia firme.

Mari Ángeles Gutiérrez

Alioli – Garlic Mayonnaise

1 small head of garlic
250ml of olive oil
Juice of 1 lemon
1 egg
Salt

Put the peeled garlic cloves, the egg, the salt and lemon juice in the cup of a hand held electric mixer. Place the head of the mixer at the bottom of the cup and begin mixing without moving the mixer. Add the olive oil a little at a time keeping the head of the mixer still and at the bottom of the cup. When all the oil is added move the head of the mixer up and down to incorporate everything.

For a video of a very similar, but even easier method take a look at: http://nativespain.com/food/quick-easy-way-to-make-mayonnaise-spanish-style/

Bebidas

Drinks

Licor de Membrillo

El líquido de la carne de membrillo (otra receta)
500ml de anís dulce

Se añade el anís dulce al líquido de la carne de membrillo.
Se pone en botellas y servir.

Maravillas Fernández Ramírez

Ponche Casero

Para 2 personas:
2 huevos
2 chorros de café
2 chorros de vino viejo

Se bate los huevos muy bien. Se añade el café caliente, muy lento, y removiendo otra vez bien. Se añade el vino viejo.

Encarnación Sánchez Garnés

Revuelto Carretero

1 vaso de vino tinto
1 chorro de anís seco

Remover la mezcla.

Se tomaba para aguantar las mañanas del frío invierno cuando se iba a trabajar en el campo.

Pedro Pagán Noguera

Quince Liqueur

The liquid from making *Carne de Membrillo* (see recipe in Miscellaneous)
500ml of sweet anis or Pernod

Mix the anis and *Carne de Membrillo* liquid and store in bottles until required.

Typically served with pudding at Christmas.

Home-made Eggnog

For 2 people:
2 eggs
2 measures of espresso
2 measures of sweet wine or cognac

Beat the eggs till light and fluffy. Slowly add the hot coffee, stirring all the time. Then add the alcohol.

Mix for The Road

1 glass of red wine
1 measure of anis (Pernod)

Mix well and enjoy.

This drink helps to keep you warm on cold winter mornings when you need to work outside.

Refresco del Abuelo

1l de gaseosa
1 vaso de coñac
6 naranjas (zumo)
500g de azúcar
1 rama de menta fresca

Escurrir las naranjas. Mezclar el zumo con el resto de los ingredientes. Se sirve muy frío.

Pedro Pagán Noguera

Una Paloma

1 vaso de agua muy fría
1 chorro de anís seco

Remover la mezcla.

Para quitar el duro calor del verano (refrescaba).

Pedro Pagán Noguera

Combinado

1 vaso de vino viejo
1 chorro de anís seco

Remover la mezcla.

Se tomaba en las largas tardes de partidas de cartas y dominó.

Pedro Pagán Noguera

Grandfather's Refresher

1l lemonade
1 glass of cognac
Juice of 6 oranges
500g sugar
1 stick of fresh mint

Juice the oranges. Mix the juice with the rest of the ingredients. Serve very cold.

A White Dove

1 glass of very cold water
1 measure of anis (Pernod)

Mix well and enjoy.

Great on the very hot days of summer to refresh yourself.

Combination

1 glass of sweet old wine
1 measure of anis (Pernod)

Mix well & enjoy!

Enjoyed during the long evenings playing cards and dominoes.

Belmonte

1 vaso de café
1 chorro de coñac
1 chorro de leche condensada

Remover la mezcla.

María Luisa Fernández

Sweet Coffee with Brandy

1 espresso
1 shot of brandy
Condensed milk (to taste)

Mix well and enjoy.

Carajillo

1 vaso de café
1 chorro de coñac

Remover la mezcla.

María Luisa Fernández

Coffee with Brandy

1 espresso
1 shot of brandy

Mix well and enjoy.

Manchado

1 vaso de café
1 chorro de leche condensada

Remover la mezcla.

Pedro Pagán Noguera

Coffee with Condensed Milk

1 espresso
Condensed milk (to taste)

Mix well and enjoy.

Asiático

1 vaso de café
½ copa de coñac
1 chorro de Licor 43
Leche condensada al gusto
Canela
Varios granos de café
Cáscara de limón

Echar en un vaso de café, añadir un buen chorro de leche condensada, incorporar el coñac y el Licor 43. Agregan la canela y 3 o 4 granos de café.

Batir y servir caliente.

María Luisa Fernández

Asiatico (Coffee Liqueur)

1 espresso
½ measure cognac
1 measure of Licor 43 or Cointreau
Condensed milk (as much as you like)
Cinnamon
A couple of coffee beans
Strip of lemon peel

In a large glass pour the espresso, add a good measure of condensed milk, the cognac and Licor 43 (or Cointreau). Mix well and heat through (with the milk frother on the coffee machine or briefly in a microwave). Sprinkle cinnamon on top, a few coffee beans and a twist of lemon.

The origin of the *Asiatico* dates back to the 1940s from the village of Albujón, Cartagena, about 35km away from La Murta.

Espuma de Café

500ml de leche
1 vaso de azúcar
1 vaso pequeño de café soluble (Nescafé)
½ vaso pequeño de coñac
½ vaso pequeño de anís
24 cubitos de hielo

Se trituran el hielo y se mezcla la leche con el azúcar, después el café soluble, coñac y anís. Se bate todo muy bien y se sirve muy frío.

Mari Ángeles Gutiérrez

Espuma de Limón

1,5l de leche
1,5 vasos de azúcar
Cáscara de limón
1 vaso de zumo de limón
1 rama de canela

Se pone medio litro de leche con canela y la cáscara de limón al fuego, y cuando hierva se mezcla el litro de leche que queda con el otro colado poniéndose a granizar.

Se pone a granizar el vaso de zumo de limón.

Cuando este granizado el limón y la leche se mezclan. Se trituran y se sirven frío.

Mari Ángeles Gutiérrez

Frothy Coffee

500ml milk
1 glass sugar
1 small glass of instant coffee
½ small glass of cognac
½ small glass of anis (Pernod)
24 cubes of ice

Crush the ice. Mix the milk with the sugar. Then add the instant coffee, cognac and anis. Whisk really well and serve very cold over crushed ice.

Lemon Froth

1.5l milk
1.5 glasses sugar
Slice of lemon peel
1 glass lemon juice
1 stick cinnamon

Put 500ml of milk in a saucepan with the lemon peel and cinnamon stick. When it's hot remove the lemon peel and cinnamon and add the rest of the milk. Put in the freezer. Put the glass of lemon juice in the freezer.

When both liquids are frozen mix them well together. Store in the freezer. Serve very cold and crushed.

Horchata de Almendras

100g de azúcar
250g almendra cruda
Canela en polvo
Corteza de limón
1l de agua

Se pela y se quita la piel a las almendras y se trituran con al azúcar y la canela y la corteza de limón.

Se le añade el agua y se bate todo junto. Se pone a granizar al congelador removiendo de vez en cuando. Servir espolvoreada con canela polvo.

Pedro Pagán Noguera

Almond Milk

100g sugar
250g raw almonds
Cinnamon
Lemon peel
1l water

Grind the raw almonds with the sugar and lemon peel.

Add the water and mix thoroughly. Put in the freezer and mix around now and then until frozen. Serve crushed with a little cinnamon sprinkled on top.

Horchata de Almendras

Granizado de Limón

4 limones grandes
2 cucharadas de azúcar
500ml agua fría

Se ralla un poco de piel de limón solo parte amarilla y se exprimen los limones. Se mezcla agua, raspadura, azúcar y zumo de limón. Al congelador.

Carmen Cervera

Lemon Crush

4 large lemons
2 tbsp sugar
500ml cold water

Grate a little of the lemon peel, only the yellow part. Juice the lemons. Mix the peel, lemon juice and sugar and put in the freezer.

About Debbie & Marcus Jenkins

Marcus Jenkins is a freelance consultant working internationally for mapping companies. He travelled extensively in his youth, giving him a taste for living abroad. He has a large fully equipped garage with a lathe & milling machine and enjoys spending as much time in there as he can, usually with Randy the cat watching. He's learning to play the bass guitar, enjoys amateur radio and likes target shooting.

Debbie Jenkins is an entrepreneur, author and publisher and was a life-long city dweller who always longed for a place in the countryside. Her greatest excitement is in owning trees – hundreds of them! She's learning to ride a horse, loves doing acrylic paintings and spends most of her time caring for her ever-growing cat and dog colony! Debbie writes on travel and food related topics, especially about Spain, for blogs, travel and in-flight magazines.

In June 2001 Debbie and Marcus bought a small house attached to some caves, with 6.5 acres of land. In August 2005 they moved into their new house to enjoy the Murcian lifestyle – going native in Murcia – which they now enjoy with their two rescue dogs, Dani and Fuggles, their six bin cats, Randy, Catalina, Hawkeye, BJ, Hotlips & Radar, assorted chickens and a horse.

They have written two books: Going Native In Murcia and Buying Property In Murcia. They also developed another Spanish cookery book: Spanish Cooking Uncovered: Farmhouse Favourites. Find them at www.NativeSpain.com

Together they also develop offline mapping products for smartphones and smart guides for towns such as Cartagena and have started a new project at UBIGifts.com for personalised location based gifts.

Marcus took all of the photographs for this book and was an enthusiastic recipe tester! Debbie collated, edited & translated the recipes and designed the book.

Debbie says: "We've had so much fun trying out the recipes and sharing them with our friends and family. I know you'll enjoy them too!"

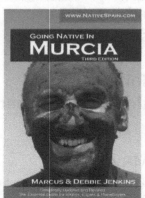

Recipes in English

Michirones..16
Boiled Egg Snowmen........................18
Stuffed Tomatoes............................20
Stuffed Red Peppers........................24
Cheese Croquettes..........................26
Murcian Meat Pie............................28
Fried Goat's Cheese........................30
Scrambled Eggs & Vegetables............30
Terrine of Vegetables & Black Pudding...31
Aubergine Terrine...........................32
Stuffed Aubergines.........................33
Anchovies in Vinegar.......................35
Anchovy Salad...............................36
Salmon & Spinach Rolls....................37
Prawns in Garlic............................38
Haddock Croquettes........................39
Spicy Pork in Lettuce Cups................40
Murcian Salad...............................42
Springtime Salad...........................44
Orange Salad................................45
Fishermen's Potato Salad..................46
Smoked Fish Salad..........................47
Meat Balls with Chicken & Potatoes......50
Meatballs in Soup..........................51
Onion Soup..................................53
Garlic Soup.................................53
Haricot Beans from Maruja.................55
Chickpea Stew with Cod Meatballs........56
Cuttlefish Stew.............................58
Grits..60
Sparerib Stew...............................62
Murcian Lentils.............................64

Lentils, Chorizo & Serrano Ham............65
Gachasmigas, Sausage & Bacon............67
Breadcrumbs with Honey...................69
Rojiaos......................................70
Cabbage & Orange Salad...................74
Fried Murcian Vegetables..................76
Pisto..77
Murcian Gazpacho..........................78
Gypsy Stew..................................79
Chickpea, Kidney Bean & Chard Stew......80
Mushrooms in the Oven.....................81
Rice with Rabbit............................84
Rice with Snails............................86
Rice with Beans.............................88
Rice with Spare Ribs & Pork...............89
Rice with Market Garden Vegetables......91
Rice with Fish & Seafood...................92
Rice with Cod...............................93
Norwegian Cod in the Oven................96
Golden Cod..................................97
Seafood Medley.............................98
Sea Bass in the Oven.......................99
Hake Casserole.............................101
Fish in Salt................................103
Mackerel in Brine..........................104
Trout Extremadura Style....................106
Hake with Potatoes.........................107
Mackerel with Peppers.....................108
Fried Eels..................................109
Mussels in Wine............................110
Cauliflower & Clams........................111
Salmon in Sauce............................113
Stuffed Squid..............................114

Tuna Rolls..115
Cuttlefish Rovin Style.......................................116
Pork with Almonds..118
Roast Suckling Pig..119
Stuffed Pork Loin...120
Pork Loin..121
Veal Steak with Pepper Sauce............................122
Beef Tenderloin in the Oven..............................123
Meat Stew...124
Lamb Stew..125
Leg of Lamb Murcian Style................................126
Roasted Lamb La Murta Style............................127
Rabbit with Garlic..129
Rustic Rabbit..131
Tripe Stew...132
Livers & Offal in Garlic......................................134
Braising Steak in Wine Sauce.............................135
Extremadura Stew...137
Chicken Fricassee...140
Stuffed Chicken Breasts......................................142
Chicken in Beer..144
Market Garden Chicken......................................145
Chicken with Lemon and Aromatic Herbs..........146
Marinaded Partridges or Quails..........................147
Cordiales – typical Christmas cakes....................150
Nuegos – typical sweet from La Murta.................152
Flowers...154
Lemon Leaves in Batter......................................156
Easter Cakes...158
La Murta Torrijas...160
Bread Pudding..162
Coconut Biscuits..164
Doughnuts..166

Fried Rolls..168
Mountain Shortbread...170
Butter & Wine Biscuits.......................................170
Orange Biscuits...172
Pernod Biscuits...172
Custard...173
Grandma's Cake..175
Coffee Flan...176
Flan..178
Orange Flan..178
Turrón Flan...179
Baked Milk...180
Tocino de Cielo...181
Juan's Cake...182
Cheese Cake..183
Almond Truffles..185
Truffles...187
Pumpkin Balls..189
Egg Yolks..191
Flan Cups with Fruit..191
Fruit Nests..192
Pears in Red Wine..193
Frozen Milkshake...195
Orange Ice Cream...195
Sighs (Almond Meringues).................................196
Flambéed Bananas..198
Goat's Milk Pudding...199
Sugar Coated Almonds..202
Quince Jam...204
Pumpkin Jam..206
Strawberry Jam...208
Tomato Jam..208
Béchamel Sauce..210

Tomato Frito...211
Alioli – Garlic Mayonnaise...212
Quince Liqueur..214
Home-made Eggnog..214
Mix for The Road...214
Grandfather's Refresher..215
A White Dove..215
Combination..215
Sweet Coffee with Brandy...216
Coffee with Brandy..216
Coffee with Condensed Milk.......................................216
Asiatico (Coffee Liqueur)..218
Frothy Coffee...219
Lemon Froth..219
Almond Milk...220
Lemon Crush...222

Recetas en Español

Michirones...16
Huevos Chinos..18
Tomates Rellenos.....................................20
Huevos Rellenos.......................................22
Pimientos Rellenos..................................24
Croquetas de Queso.................................26
Pastel Murciano de Carne......................28
Queso Fresco Frito...................................30
Zarangollo...30
Pastel de Berenjena.................................32
Berenjenas Rellenas.................................33
Boquerones en Vinagre..........................35
Perdices de la Huerta con Tomates y Salmuera.............36
Rollo de Salmón con Espinacas............37
Gambas al Ajillo.......................................38
Croquetas de Pescadilla..........................39
Cerdo Picante en Copas de Lechuga....40
Ensalada Murciana...................................42
Ensalada Primavera.................................44
Ensalada de Naranja................................45
Ensalada de Patatas a la Marinera.......46
Ensalada de Ahumados...........................47
Albóndigas de Picadillo con Pollo y Patata.............50
Albóndigas en Caldo................................51
Sopa de Cebolla..53
Sopa de Ajo...53
Alubias de Maruja....................................55
Potaje de Garbanzos con Albóndigas de Bacalao.............56
Potaje con Sepia.......................................58
Sémola..60
Guiso de Costillejas.................................62
Lentejas a la Murciana............................64

Lentejas con Chorizo y Jamón...............65
Gachasmigas con Tropezones................67
Migas de Pan con Miel............................69
Rojiaos...70
Ensalada de Col y Naranja.....................74
Pisto Murciano...76
Pisto...77
Gazpacho Murciano.................................78
Olla Gitana..79
Potaje de Garbanzos, Habichuelas y Acelgas.............80
Champiñones al Horno...........................81
Arroz con Conejo.....................................84
Arroz con Caracoles................................86
Arroz con Habichuelas............................88
Arroz con Costillejas y Magra de Cerdo.............89
Arroz con Verduras de la Huertana – Paella Huertana....91
Arroz de Pescado y Marisco...................92
Paella Llamado Empedrado....................93
Bacalao Noruego al Horno.....................96
Bacalao a la Dorada.................................97
Zarzuela de Marisco.................................98
Lubina al Horno..99
Cazuela de Merluza...............................101
Pescado a la Sal......................................103
Estornino en Escabeche.........................104
Truchas a mi Manera.............................106
Merluza con Patatas...............................107
Caballa con Pimientos...........................108
Anguilas Fritas..109
Mejillones al Vino..................................110
Coliflor con Almejas..............................111
Salmón en Salsa.....................................113
Calamares Rellenos...............................114

Bonito en Rollo..115
Sepia al Rovin..116
Lomo con Almendras..118
Cochinillo Asado..119
Solomillo de Cerdo Relleno.....................................120
Solomillo de Cerdo..121
Solomillo de Carne a la Pimienta.........................122
Solomillo al Horno..123
Estofado de Carne...124
Guiso de Cordero...125
Paletilla de Cabrito a la Murciana......................126
Asado de Cordero a La Murta................................127
Conejo al Ajillo...129
Conejo Rustico...131
Callos - Mondongo..132
Hígados y Asaduras al Ajo Cabañil.....................134
Carrilleras en Salsa..135
Caldereta Extremeña..137
Pollo en Pepitoria..140
Pechugas Rellenas...142
Pollo a la Cerveza...144
Pollo a la Huertana...145
Pollo al Limón con Hierbas Aromáticas..............146
Perdices en Escabeche...147
Cordiales...150
Nuegos - dulce típico de La Murta........................152
Flores Seca..154
Papajarotes...156
Tortas de Pascua...158
Torrijas Murteñas..160
Pan de Calatrava..162
Galletas de Coco...164
Rollos – Donuts...166

Rollos Fritos...168
Mantecadas de la Sierra..170
Mantecados de Vino...170
Rollos de Naranja..172
Rollos de Anís..172
Natillas..173
Tarta de la Abuela..175
Flan de Café...176
Flan de Huevo..178
Flan De Naranja..178
Flan de Turrón...179
Leche Asada..180
Tocino de Cielo..181
Arroz con Leche...182
Bizcocho de Juan...182
Tarta de Queso...183
Chocolatines...185
Trufas..187
Bolitas de Calabaza..189
Yemas..191
Copas de Flan con Fruta..191
Flan Cups with Fruit..191
Nidos de Fruta...192
Peras al Vino Tinto...193
Leche Merengada...195
Postre de Naranja..195
Suspiros...196
Plátanos Flambeados..198
Gachas con Leche..199
Almendras Garrapiñadas...202
Carne de Membrillo...204
Arrope..206
Mermeladas de Fresa..208

Mermeladas de Tomate..208
Bechamel...210
Tomate Frito...211
Ajo o Alioli...212
Licor de Membrillo...214
Ponche Casero..214
Revuelto Carretero..214
Refresco del Abuelo...215
Una Paloma..215
Combinado...215
Belmonte..216
Carajillo...216
Manchado...216
Asiático..218
Espuma de Café...219
Espuma de Limón..219
Horchata de Almendras..220
Granizado de Limón...222

Printed in January 2023
by Rotomail Italia S.p.A., Vignate (MI) - Italy